交通运输职业教育高职新能源汽车运用与维修专业教材

Xinnengyuan Qiche Dianchi Jiance Jishu
新能源汽车电池检测技术

金庭安 程 鹏 主 编
杨志刚 敬启建 王 娟 副主编

人民交通出版社股份有限公司

北 京

内 容 提 要

本书为交通运输职业教育高职新能源汽车运用与维修专业教材。全书共包括六个项目，主要包括新能源汽车动力蓄电池认知、电池系统的生产过程、电动汽车动力蓄电池管理系统、电池组安全性能检测技术、电池可靠性检测、在用汽车动力蓄电池维护检测技术。

本书适合作为高职院校新能源汽车相关专业教材，也可作为动力蓄电池生产企业、新能源汽车生产企业、专业检测机构从业人员的培训教材。

图书在版编目(CIP)数据

新能源汽车电池检测技术/金庭安,程鹏主编. —北京:人民交通出版社股份有限公司,2022.8 (2025.1重印)
ISBN 978-7-114-18073-6

Ⅰ.①新… Ⅱ.①金…②程… Ⅲ.①新能源—汽车—蓄电池—检修—教材 Ⅳ.①U469.720.7

中国版本图书馆 CIP 数据核字(2022)第 117068 号

书　　名:	新能源汽车电池检测技术
著 作 者:	金庭安　程　鹏
责任编辑:	李　良
责任校对:	赵媛媛　魏佳宁
责任印制:	张　凯
出版发行:	人民交通出版社股份有限公司
地　　址:	(100011)北京市朝阳区安定门外外馆斜街 3 号
网　　址:	http://www.ccpcl.com.cn
销售电话:	(010)85285911
总 经 销:	人民交通出版社股份有限公司发行部
经　　销:	各地新华书店
印　　刷:	北京市密东印刷有限公司
开　　本:	787×1092　1/16
印　　张:	12.5
字　　数:	297 千
版　　次:	2022 年 8 月　第 1 版
印　　次:	2025 年 1 月　第 3 次印刷
书　　号:	ISBN 978-7-114-18073-6
定　　价:	35.00 元

(有印刷、装订质量问题的图书,由本公司负责调换)

前　言

传统汽车采用石化燃料作为能源已经持续了100多年历史,在带给人类交通方便性、生活现代化的同时,也对人类产生了负面的影响,如作为碳排放的一大根源,引起地球大气层温室效应,气候变暖,引发自然灾害的频繁发生。因此,传统燃油汽车被以电动汽车为代表的新能源汽车逐渐取代成为一种趋势。我国早已开始重视新能源汽车产业的发展,这一方面是解决交通能源可持续发展的必然选择,也是我国绿色、环保、节能、降碳发展的迫切需要。

发展新能源汽车,更是我国由汽车大国迈向汽车强国的必由之路。自2012年国务院发布实施《节能与新能源汽车产业发展规划(2012—2020年)》以来,我国新能源汽车产业发展取得了举世瞩目的成就,成为引领世界汽车产业转型的重要力量。当前,全球新一轮科技革命和产业变革蓬勃发展,汽车与能源、交通、信息通信等领域加速融合,推动汽车产品形态、交通出行模式、能源消费结构和社会运行方式发生深刻变革,新能源汽车产业面临前所未有的发展机遇。经过多年持续努力,我国新能源汽车产业技术水平显著提升、产业体系日趋完善、企业竞争力大幅增强,产销量、保有量连续多年居世界首位,电动化跻身世界前列。

汽车动力蓄电池是电动汽车的核心部件,动力蓄电池技术属于新能源汽车核心技术,其产品质量和安全问题成为社会的关注重点。我国"汽车标准化技术委员会"组织建立了较为完善的新能源汽车动力蓄电池标准体系,该标准体系有助于促进产业发展,提升产品质量,降低安全事故发生率。为保障产品质量和使用安全,动力蓄电池及新能源汽车生产厂家都会严格地进行全方位检测,检测的主要依据就是相应的标准体系。

新能源汽车动力蓄电池行业日渐兴旺。为保证产品质量和使用安全性,在生产制造、使用维护的整个环节中加强对动力蓄电池产品的检测逐渐形成一种常态,因而汽车动力蓄电池行业对检测技能人才的需求量也在不断增大。由于是一个新兴产业,汽车动力蓄电池检测技术的知识体系和技能培养标准还不够完善,教学中还缺乏相应的教材,导致职业院校的人才培养还不能满足企业的实际需求。本书以培养新能源汽车动力蓄电池检测技术应用型人才为目标,以高职学生专业能力提升为导向,由企业工程师和学校教师合作编写。

本书是职业院校推进教学改革和创新、促进产教融合的产物。力求理论联系实际,将教材内容与企业人才能力需求相结合,以图文并茂的形式阐述了动力蓄电池基础理论、生产过程、电性能及安全性能的检测技术、动力蓄电池故障检测技术等知识。

本书由金庭安、程鹏担任主编,由杨志刚、敬启建、王娟担任副主编。其中,项目一由杨志刚编写,项目二由金庭安编写,项目三、六由王娟编写,项目四、五由敬启建编写,全书统稿由金庭安完成。

本书在编写过程中得到了重庆交通职业学院的关心与帮助,在此谨表衷心感谢。

由于编者水平和经验有限,难免存在缺点和疏漏,敬请读者批评指正。

编 者

2022 年 3 月

目 录

项目一　新能源汽车动力蓄电池认知 ……………………………………… 1
　　任务一　新能源汽车动力蓄电池相关知识认知 …………………………… 1
　　任务二　汽车动力蓄电池构成、原理及核心技术认知 …………………… 8
　　任务三　汽车动力蓄电池系统构成及各部分功能认知 ………………… 22
　　任务四　动力蓄电池性能及相关技术术语、检测技术标准认知 ……… 25
　　思考与练习 ………………………………………………………………… 35

项目二　电池系统的生产过程 …………………………………………… 36
　　任务一　电芯生产过程 …………………………………………………… 36
　　任务二　模组生产过程 …………………………………………………… 48
　　任务三　PACK 生产过程 ………………………………………………… 54
　　思考与练习 ………………………………………………………………… 62

项目三　电动汽车动力蓄电池管理系统 ………………………………… 63
　　任务一　电池管理系统组成结构及工作原理 …………………………… 63
　　任务二　电池管理系统的主要功能 ……………………………………… 65
　　思考与练习 ………………………………………………………………… 75

项目四　电池组安全性能检测技术 ……………………………………… 76
　　任务一　设备认知及测试准备 …………………………………………… 76
　　任务二　高低温测试 ……………………………………………………… 97

任务三　盐雾测试　　　　　　　　　　　　　　　　　　　　　　　　　105
　　任务四　其他安全性能测试　　　　　　　　　　　　　　　　　　　　113

项目五　电池可靠性检测　　　　　　　　　　　　　　　　　　　　　　137

　　任务一　循环寿命测试　　　　　　　　　　　　　　　　　　　　　　137
　　任务二　电性能测试　　　　　　　　　　　　　　　　　　　　　　　150

项目六　在用汽车动力蓄电池维护检测技术　　　　　　　　　　　　　　163

　　任务一　高压作业安全与防护　　　　　　　　　　　　　　　　　　　163
　　任务二　动力蓄电池检测常用工具使用方法与注意事项　　　　　　　　166
　　任务三　动力蓄电池的维护　　　　　　　　　　　　　　　　　　　　176
　　任务四　动力蓄电池常见故障检测方法　　　　　　　　　　　　　　　180
　　思考与练习　　　　　　　　　　　　　　　　　　　　　　　　　　　189

参考文献　　　　　　　　　　　　　　　　　　　　　　　　　　　　　191

项目一 新能源汽车动力蓄电池认知

任务一 新能源汽车动力蓄电池相关知识认知

任务要求

通过本任务的学习,你应能:
(1) 清晰、准确地描述新能源汽车的定义;
(2) 区分各种新能源汽车动力源并说出其特点。

 相关知识

一、新能源汽车的概念与动力源的种类

1. 新能源汽车的定义

新能源汽车是指采用常规车用燃料之外的能源作为动力来源,采用先进的车辆动力控制和驱动技术所形成的技术先进、结构新颖的汽车。新能源汽车包括电动汽车、生物燃料汽车、氢燃料汽车、超级电容电动汽车等。

2. 新能源汽车动力源的种类

(1) 电动汽车。

①纯电动汽车动力源——可充电动力电池,即动力蓄电池。

纯电动汽车(Battery Electric Vehicles,BEV)仅采用可充电电池作为储能动力源,即以可充电电池作为储能动力源,向驱动电机提供电能并运转,从而使汽车行驶。可充电电池主要有铅酸蓄电池、镍镉蓄电池、镍氢蓄电池和锂离子电池等多种类型。纯电动汽车可以降低碳排放量,是未来主流发展方向之一。

②混合动力汽车动力源——动力蓄电池和汽油/柴油。

混合动力汽车(Hybrid Electric Vehicle,HEV)的驱动系统是由两个及以上能同时运转的、不同种类的动力源组合而成,其中以燃油动力源加电动动力源组合为常见。混合动力汽车的行驶功率主要取决于混合动力汽车的车辆行驶状态:一种状态是由单个驱动系统单独

提供(如单一的电驱动或者单一的燃油驱动);另一种状态是由多个驱动系统共同提供。混合动力汽车仍会产生碳排放,因此,这仅仅是一个从燃油汽车转向电动汽车的过渡产物。

(2)燃料电池电动汽车动力源——氢气和氧气及其燃料电池装置。

燃料电池电动汽车(Fuel Cell Electric Vehicle,FCEV)燃料电池在催化剂的作用下,通过氢气、甲醇、天然气、汽油等作为反应物与空气中的氧在电池中燃烧产生电能,电能再为汽车提供动力源。本质上讲,燃料电池电动汽车的工作原理与纯电动汽车类似,因此,在很多性能和设计方面与纯电动汽车都有相似之处。将它们分为两类的原因是燃料电池是将氢气、甲醇、天然气、汽油等燃料的能量通过化学反应直接转化成电能,属于化学能量源源不断的"一次电池",图1-1是氢燃料电池的原理图,反映了化学能量源源不断转变为电能过程。而通常意义下的纯电动汽车是采用以充电方式补充电能的"二次电池"。从低碳的角度考虑,当前和未来发展的燃料电池电动汽车都是以氢燃料电池为动力源。

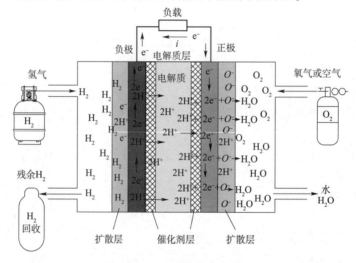

图1-1 燃料电池原理

(3)氢内燃汽车动力源——氢气。

氢内燃汽车(Hydrogen Internal Combustion Engine Vehicle,HICEV)是氢动力汽车(Hydrogen Powered Vehicle,HPV)的一种,是以内燃机燃烧氢气及空气中的氧而产生热动力驱动的汽车。它也是以氢燃料为动力源,与前面提及的燃料电池电动汽车一样,都是新能源汽车中最环境友好的汽车类型,可以实现零污染、零排放。但是热动力汽车工作循环导致的能量转化效率不及燃料电池电动汽车高,所以氢内燃汽车的应用和发展可能存在局限。

(4)增程式电动汽车动力源——可充电动力电池和汽油/柴油。

增程式电动汽车(Extended Range Electric Vehicle,EREV)通过动力蓄电池向驱动电机提供能量,驱动电机运转,从而使车辆行驶。不同的是,增程式电动汽车配有一个小型的汽油或柴油发动机,在增程式电动汽车动力蓄电池电量过低的情况下,可以利用这个发动机带动发电机为动力蓄电池补充电量。尽管增程式电动汽车的动力装置有电动机和小型的汽油或柴油发动机两个,但后者并不直接驱动车辆,仅作为发电机的动力源,工作于最佳能量转换状态,达到节省能量减少排污的目的。增程式电动汽车不能根除碳排放量,不是未来发展的主流方向。

（5）超级电容汽车动力源——超级电容中的电场能。

超级电容汽车（Super Capacitor Vehicle）是采用超级电容器（图1-2）储存电能而驱动电机运转的电驱动汽车。超级电容是具有双电层结构的电容器。所谓"双电层"是指：在超级电容器的两极板电荷产生的电场作用下，在电解液与电极间的界面上形成相反的电荷，以平衡电解液的内电场，这种正电荷与负电荷在两个不同相之间的接触面上，以正负电荷之间极短间隙排列在相反的位置上形成两个分布层（图1-3），这个电荷分布层叫作双电层，因此电荷容量非常大。如果把超

图1-2　超级电容外观

级电容与蓄电池一起组成混合电源，则能更好地满足车辆行驶时的能量需求，并且可以缓冲瞬时大功率对储能系统的冲击，延长蓄电池的使用寿命。并且，超级电容可以实现瞬时大电流充电，可以更高效地实现能量回馈。超级电容动力源尤其适合于城市公共交通系统，不直接产生碳排放，也是未来电动汽车动力源的发展方向之一。2010年上海世博会园区的世博专线已使用超级电容公共汽车（图1-4）。

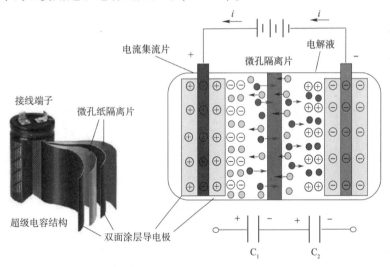

图1-3　超级电容结构与原理

图1-4　采用超级电容动力源的大客车

以上各种新能源汽车中，目前以纯电动汽车动力源最为成熟，应用最为普遍。纯电动汽车动力源是以驱动电机和动力蓄电池构成的能量转换系统作为汽车驱动装置。因此，汽车动力蓄电池是纯电动汽车动力源的关键组成部分，也是本书涉及的重点内容。

二、汽车动力蓄电池的历史、现状及发展趋势

1. 汽车动力蓄电池的产生

《电动汽车术语》(GB/T 19596—2017)中对动力蓄电池(Traction Battery)给予了定义：动力蓄电池是为电动汽车动力系统提供能量的蓄电池。动力蓄电池常常也被称为动力电池。事实上，目前汽车动力电池包括汽车动力蓄电池和汽车动力燃料电池两大类型。前者为可充电的"二次电池"，后者为不需或不可充电的"一次电池"。如果需要给"动力电池"术语下个定义，可借鉴 GB/T 19596—2017，定义：能够为电动汽车动力系统提供能量的电池就称为汽车动力电池。

汽车动力电池并非现代的产物。早在1839年，苏格兰的罗伯特·安德森就给四轮马车装上了电池和电动机，将其成功改造为世界上第一辆"靠电力驱动"的车辆。

汽车铅酸电池起源于1859年，法国物理学家加斯东·普兰特发明了铅酸电池。1881年，法国科学家卡米尔·阿方斯·富尔改进了铅酸电池的设计，尝试了用铅酸电池作为动力源，首次用于驱动一辆160kg的电动三轮车(图1-5)，但时速仅为12km/h。同年，法国人古斯塔夫·特鲁维也利用铅酸电池制造出世界上第一辆能够正常运行的电动三轮车(图1-6)，并在1882年的巴黎国际电器展览会上展出，该车在搭载一位乘员的情况下(连人带车的质量为106kg)，能以15km/h的速度行驶16km。

图1-5 世界上第一辆采用铅酸蓄电池的电动三轮车

图1-6 改进型铅酸蓄电池的电动三轮车

不过当时的电动车还无法竞争过马车。一般来说，马车的时速在20km/h左右，最快时速可达60km/h，电动车速度明显低于马车。1884年，英国发明家和实业家托马斯·帕克设计出高容量可充电电池，并在伦敦制造了第一辆实用型电动汽车(图1-7)，实现了对汽车动力蓄电池的充电功能。

图1-7 1884年生产的第一辆量产的可充电蓄电池电动汽车

电池性能的提升使电动汽车的优势得以凸显。当时的电动汽车不仅比蒸汽机汽车运行安静，而且可靠性也远高于蒸汽机汽车，同时驾驶操纵容易、价格低廉，是当时社会名流绅士的首选。但由于动力蓄电池储存电能少，电动汽车续驶里程短的弊端显现，当时的电动汽车续航里程普遍为40~65km，最高时速约为30km/h，已经不能够满足消费者需求。1899年，镍镉电池被发明出来，但这些碱性蓄电池的极板材料比其他蓄电池

的材料贵得多,因此实际应用受到了极大的限制。不过,这也使得镍正极材料体系的电池开始进入人们视野。这一阶段主要是电池在车辆上应用的探索阶段。能够应用在汽车上的只有铅酸电池,可是其体积大、质量大、能量密度小、功率密度低,如果使用铅酸电池驱动家用汽车,续驶里程达到200km以上时需要将近1t的电池,无法达到实用程度;加上早期电力传动系统的制造成本过高等问题,没有最终流行。然而,比电池汽车晚诞生的燃油汽车,则在实业家的努力下,从车厂走向了街头。

1885年,戴姆勒和本茨几乎同时制成了汽油发动机,使汽车实现了以12km/h的速度行驶。1908年,福特开发出T型车,燃油汽车开始进入平民家庭。燃油汽车的技术进步和广泛应用制约了汽车动力蓄电池的发展,而电动汽车受制于电池技术,无明显进步,在长达半个多世纪的时间陷入停滞。1902年,美国发明家托马斯·爱迪生(Thomas Edison)发明了铁镍电池,在美国申请了专利,并用作美国底特律电气和贝克电气公司的电动汽车的动力能源(图1-8)。在1910年,镍铁电池成功进行商业化生产,并用作电动汽车的动力电源。

随着人们对石油依赖的认识不断更替,越来越多的国家开始想办法摆脱对石油的严重依赖,并开始投入大量资源研究电池技术,使得汽车动力蓄电池技术的发展迎来新的发展契机。此外,由于汽车保有量不断增长,越来越多的城市开始出现雾霾等空气污染问题。同时,二氧化碳过度排放导致的全球"温室效应",于是推动汽车减排也极大促进了汽车制造企业探索汽车电动化技术的热潮。电池技术的进步也为汽车电动化提供了很好的基础,锂离子电池研发成果获得了2019年度诺贝尔化学奖。

图1-8 采用铁镍电池的底特律电动汽车

1976年,斯坦利·惠廷厄姆提出了锂电池概念,并制造出可以充放电的锂电池,电压超过2V,虽然安全性上还有很大问题,但斯坦利仍可称得上是锂电池的奠基人。1980年,约翰·古迪纳夫研究出了钴酸锂电池,这个电池的电压比斯坦利研究出来的锂电池高一倍,达到4V。20世纪70年代初美国的M. Klein和J. F. Stockel等研制出高压镍氢电池,20世纪70年代中后期,美国研制开发了输出功率大、质量相对较轻、使用寿命长、成本费用低的高压镍氢电池,并于1978年成功地将这种电池应用在导航卫星上。近些年,镍氢电池备受世界各国的重视,涌现出各种各样的前沿技术。镍氢电池刚研制成功时,要使用高压容器储存氢气,随后人们采用金属氢化物来储存氢气,进而做成了低压乃至高压镍氢电池。因此,镍氢电池分为高压镍氢电池和低压镍氢电池两种类型。国外自70年代开始探索民用的低压镍氢电池。镍氢电池与同体积镍镉电池相比,容量提高一倍,而且没有重金属镉带来的污染问题。它的工作电压与镍镉电池差不多,工作寿命也大体相当,但它具备优良的过充电和过放电性能,因此镍氢电池有代替镉镍电池的趋势。

1985年,日本吉野彰(Akira Yoshino)在约翰·古迪纳夫的成果基础上,用更安全的锂离子替代了纯锂,发明了采用碳材料做负极的锂离子电池,从而让锂电池获得了更高的稳定性,确立了现代锂离子电池的基本框架。1997年,约翰·古迪纳夫又开发出低成本的磷酸铁锂($LiFePO_4$)正极材料,加快了锂离子电池的商业化。磷酸铁锂的优势在于安全,且其充放电性能好、廉价、对环境无污染,具有优异的电池循环寿命、低自放电特性使库存存放寿命大大延长,让传统铅酸电池、镍氢电池、镍镉电池黯然失色。

在锂电池商业化之前,国外很多车企试图将其他新发明应用的电池装载于汽车,作为动力能源。欧洲的电动汽车中,标致 106 车型所采用的是镍镉电池最为成功。1996 年,世界第一辆现代电动汽车通用 EV1 型开始量产,然而早期的 EV1 型车使用铅酸电池组,续航仅为 96km;后期车型升级后,续航可以达到 160km;最后,EV1 型车使用镍合金电池组,续航能够到达 260km。

锂离子动力蓄电池的负极是石墨等材料,正极用磷酸铁锂、钴酸锂、钛酸锂等。因其具有能量高、电池电压高、工作温度范围宽、储存寿命长等优点,很快取代了其他类型的动力蓄电池,在汽车上得到广泛应用。

以锰酸锂、磷酸铁锂等材料作正极的动力蓄电池,也统归为锂离子动力蓄电池,它们各有优势,成为新一代锂离子动力蓄电池的发展趋势。近年来出现的锂—铜电池和锂—空气电池等基于组合型电解液的锂离子电池,被称为后锂离子电池。

2. 汽车动力蓄电池的发展现状

目前应用于汽车的动力蓄电池主要是三元锂电池与磷酸铁锂电池两大类型,两者的关键区别在于正极材料不同。三元锂电池的正极材料主要为镍钴铝或镍钴锰。其中,日本松下为特斯拉汽车生产的动力蓄电池为镍钴铝;中国宁德时代等企业选择的是镍钴锰。两种电池都要使用镍和钴两种元素。其中,镍的作用又尤其重要,一般来讲,镍的比例越高,电池能量密度就越高,续航里程就越长。

出于成本方面的考虑,越来越多的车企开始青睐于磷酸铁锂电池作为电动汽车的电池类型。例如特斯拉 Model 3 标准续航版、小鹏汽车、北汽新能源汽车、比亚迪。相对于三元锂电池,磷酸铁锂电池成本低、结构稳定、安全性高、充放电循环寿命长,但能量密度和充放电效率存在劣势。作为一直主要发展磷酸铁锂电池的企业,比亚迪公司近年针对这些劣势尝试了很多方法进行改进。例如,2020 年比亚迪公司优化了电池结构,把电芯做成"刀片形",推出了"刀片电池"(图 1-9)。除了性能得到提升,"刀片电池"还有良好的针刺穿透测试性能,安全性也进一步提高。同时,"刀片电池"组装的工艺也更加简单,能量密度比以前提高了 30% 以上。续航里程上升,基本上解决了电池自燃、自爆的安全隐患。通过近两年的技术革新,磷酸铁锂电池已达到 400~600km 的续航里程,能够满足绝大部分车主的使用需求。

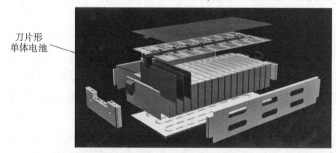

图 1-9 刀片形动力蓄电池总成结构

目前,我国市场中的电动汽车几乎全部配套使用磷酸铁锂动力蓄电池和三元材料锂离子动力蓄电池。在构成锂离子动力蓄电池的正极材料、电解液等几类关键材料中,大量使用磷酸铁锂、镍钴锰酸锂等含镍、钴、锰、锂等金属的化合物,此原材料生产供应情况直接影响着动力蓄电池的配套能力。

动力蓄电池的单体(即电芯)封装分为硬壳封装和软包,其中硬壳封装又分为圆柱形单体电池、方形单体电池和刀片形单体电池。图1-10为常用的18650型和21700型圆柱形单体电池,图1-11为方形单体电池,图1-12为刀片形单体电池,软包单体电池如图1-13所示。

图1-10 圆柱形单体电池　　　　　　　　　图1-11 方形单体电池

图1-12 刀片形单体电池　　　　　　　　　图1-13 软包单体电池

各种封装电池的优缺点见表1-1。

动力蓄电池单体封装分类及其优缺点　　　　表1-1

分类		优点	缺点
硬壳	圆柱形	输出功率大,生产工艺成熟,构成电池包的成本低、一致性好,产品良率高	整体质量大,成组效率低,能量密度相对较低,空间利用率低,径向导热差
	方形	封装可靠度高,对电芯保护作用强,成组效率高,内阻小,寿命长	整体质量较大,一致性差,型号多
	刀片形	组装工艺简单,能量密度提高,安全性好,采用磷酸铁锂材料,成本低,寿命较长	无单体电池支架,电池被碰撞后修复困难
软包		能量密度高,安全性能好,整体质量轻,外形设计灵活,内阻小,循环次数多,不易爆炸	成本高,一致性差,制造工艺要求高

软包电池能量密度高、安全性能好、质量轻、外形设计灵活,但成本较高,对制造工艺的要求较高;圆柱电池包装工艺成熟、制造成本低,但整体质量重,能量密度相对较低;方形电池虽然整体质量重,一致性差,但其充放电倍率高、循环寿命长、安全性能较好;刀片形电池有方形电池的优点,但成本更低,单位体积电池能量密度更高,续航里程较长。

3. 汽车动力蓄电池的发展趋势

三元锂电池和磷酸铁锂电池经过多年发展，技术已经趋近成熟。当前松下与特斯拉的圆柱形电池、LG 化学的软包电池以及比亚迪的"刀片电池"，都是在形状结构上进行改进，而电池化学性能本身的瓶颈很难克服。因此，许多电池生产企业开始转向硅负极电池、全固态电池等多种新的电池技术路线。

无论是三元锂还是磷酸铁锂，所指的都是正极材料，而负极材料都是碳。为进一步提升电池性能，有不少厂商都试图在负极材料上进行创新，尝试用硅替代碳。宁德时代公司研发的一款电池，就首次采用了"掺硅补锂技术"。事实上，硅的主要优势在于能量密度是碳的 3 倍，在石墨负极中掺杂硅材料，甚至用硅替代碳就意味着电池可能储存更多能量，提升能量密度。不过掺硅方案虽然很好，但也存在问题，最大的问题就是它会膨胀，最高会达到 300%。众多企业正在试图解决这一难题。

除了在电极材料上下功夫，围绕电解质的创新也一直备受关注。目前，国内外多家车企都在研发固态电池。固态电池就是它的电解质形态为固态而非液态。固态电池的电化学稳定性和热稳定性都比较好，所以它的安全性能等方面能在一定程度上得到提升，这是它相比液态电池的一大优点。使用了全固态电解质后，锂离子电池的适用材料体系也会发生改变。其中核心的一点就是可以不必使用嵌锂的石墨负极，而是直接使用金属锂来做负极，这样可以明显减轻负极材料的用量，使得整个电池的能量密度有明显提高。

任务二　汽车动力蓄电池构成、原理及核心技术认知

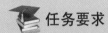

任务要求

通过本任务的学习，你应能：
(1) 阐述汽车动力蓄电池分类及其特点；
(2) 准确地描述常用汽车动力蓄电池的组成结构；
(3) 清楚表述常用汽车动力蓄电池的工作原理。

相关知识

一、汽车动力蓄电池分类及特点

目前，汽车动力蓄电池主要分为两大类。

一类是动力蓄电池，也称"二次电池"，指放电后又可用充电的方法使活性物质复原而能再次放电，且可反复多次循环使用的一类电池。实际上它是一个化学能量储存装置，用直流电将电池充足，这时电能以化学能的形式储存在电池中；放电时，化学能再转换为电能。这类电池包括：①电解液为酸性溶液的电池（称为酸性电池），如铅酸蓄电池；②电解液为碱性

溶液的电池(称为碱性电池),如镍镉电池、镍氢电池、铁镍蓄电池、钠氯化镍蓄电池、银锌蓄电池、钠硫蓄电池、空气蓄电池(锌空气蓄电池)、铝空气电池;③电解液为有机电解质溶液的锂离子电池,如二元锂电池、三元锂电池。

另一类是动力燃料电池,又称"连续电池",即只要将活性物质连续地注入电池,就能长期不断地进行放电的一类电池。它的特点是电池自身只是一个载体,可以把燃料电池看成一种需要电能时将反应物从外部送入电池的一种电池。包括:碱性燃料电池(AFC)、磷酸燃料电池(PAFC)、熔融碳酸盐燃料电池(MCFC)、固体氧化物燃料电池(SOFC)、质子交换膜燃料电池(PEMFC)、直接甲醇燃料电池(DMFC)、氢燃料电池、肼空燃料电池等。

新能源电动汽车采用过的电池种类大致归为铅酸电池、镍氢电池、钴酸锂、锰酸锂、磷酸铁锂以及三元锂(镍钴锰酸锂或镍钴铝酸锂)等几大门类,这些动力蓄电池都有各自的优缺点。下面逐一介绍曾经使用和目前正在使用的动力蓄电池的主要特点。

1. 铅酸电池

优点:成本低、低温性较好,性价比高。

缺点:能量密度低、比功率低、寿命特别短、体积大、安全性差。

常用铅酸电池外形及内部结构如图1-14所示。因其技术比较成熟,成本较低,而且能够高倍率放电,性价比高,是低速电动车常选用的电池,如电动自行车、电动摩托车、四轮低速电动车及老年代步车。但是铅酸电池的比能量、比功率和能量密度及使用寿命都很低,作为动力源用于电动车很难达到较高的车速及较长的续航里程,多用于低速车辆。

2. 铁镍电池

铁镍电池是一种可充电电池,其正极活性物质是氧化镍,负极活性物质是铁,电解质(电解液)是氢氧化钾。它是一种用于长时间、中等电流情况下的可充电式电池。单体铁镍电池的工作电压通常是1.2V。

优点:耐用、寿命长、易维护,能够经受一定程度的不当使用(包括过度充电、过度放电、短路、过热),而且经受上述损害后仍能保持很长的寿命。存放20年后仍能工作。

缺点:单位质量(体积)储存的电能少,效率较低,自放电率高,在低温时性能低下,与铅酸电池相比制造成本高,这是它普及应用受到限制的一个原因。

图1-15为一种用于汽车的新型铁镍动力蓄电池。

图1-14 铅酸动力蓄电池结构

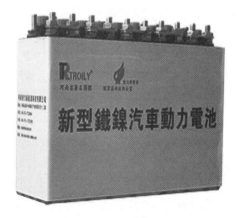

图1-15 新型铁镍汽车动力蓄电池

3. 镍镉电池

每个单元电池电压为1.2V,使用寿命为500次,放电温度为-20~60℃,充电温度为0~45℃。

优点:具有使用温度范围宽、循环和储存寿命长、良好的大电流放电特性等特点,耐过充放电能力强,内阻小,可快速充电,为负载提供大电流放电时电压变化很小,维护简单,价格便宜。

缺点:①最致命的缺点是不正确地使用会造成电性能下降;在充放电过程中如果处理不当,会出现严重的"记忆效应",导致使用寿命大大缩短。所谓"记忆效应"就是电池在充电前,电池的电量没有被完全放尽,久而久之将会引起电池容量的降低,在电池充放电的过程中(放电较为明显),会在电池极板上产生些许的小气泡,日积月累这些气泡减少了电池极板的面积,也间接影响了电池的容量。②镉是有毒物质,镉金属对于环境有污染,因而镍镉电池不利于生态环境的保护。目前,镍镉电池已基本被淘汰出汽车动力蓄电池的应用范围。

由于镍镉电池使用性能比铅酸电池好,所以在纯电动汽车上曾得到过广泛应用。克莱斯勒公司的面包车、标致106型EV、雪铁龙以及日本本田新能源电动轿车公司、日产电动汽车公司等生产的EV上都采用过镍镉电池。图1-16为圆柱形单体镍镉电池和方形单体镍镉电池。

4. 镍氢电池

优点:价格低廉、技术成熟、寿命耐用性长。

缺点:体积大、能量密度低、电压低、有电池记忆效应。

丰田汽车情有独钟于镍氢电池,混动车型丰田普锐斯曾长期被采用,目前在动力蓄电池领域依旧占有一定的地位。这种电池自20世纪90年代后期就被诸多的日系混动车型采用,其中最具代表性的当属丰田普锐斯家族。后来,丰田公

图1-16 镍镉单体电池

司为消费者提供了两款电池可供选择,其中一款是目前最为常见的锂离子电池,而另一款则是丰田公司自第一代普锐斯车型诞生以来就一直坚守的镍氢电池。究竟是什么原因让丰田公司久久不愿放弃镍氢电池呢?就能量密度来看,镍氢电池其实与普通锂电池差距并不大,约为70~100W·h/kg,但由于电池单体电压仅为1.2V,仅为锂电池的1/3,在需求电压一定的情况下,镍氢电池组的体积要比锂电池大不少。因此,很多企业都转向采用锂电池。那么为何丰田公司会坚持使用镍氢电池呢?这就是镍氢电池具有别的电池不可比拟的最大优势:超强的耐用性。

美国著名的汽车媒体《消费者报告》曾经对一台使用了十年以上的第一代普锐斯混动汽车进行了对比测试,即测试数据与新车时的数据对比,其结论是:采用镍氢电池的第一代普锐斯车型在经过了10年行驶33万km之后,无论是在油耗性能还是在动力性能上都与新车时的数据保持在同一水平,说明该车混动系统和镍氢电池组仍然工作正常。此外,即便在使用十年跑了33万km之后,这辆第一代普锐斯的镍氢电池组都还未出现过问题,人们过去所

质疑因电池容量衰减将大幅影响油耗和动力性能的情况也没有出现。这就是丰田车钟爱镍氢电池的主要原因。

镍氢电池根据其氢气压力的高低不同而分为高压镍氢电池和低压镍氢电池。高压镍电池由于压力较高,储存容器的厚度较薄时容易产生爆炸,因此,主要应用在航天领域;低压镍氢电池则更多作为民用。图1-17为各种规格的低压镍氢单体电池。

高压镍氢电池具有:①可靠性强。具有较好的过放电、过充电保护,可耐较高的充放电率并且无枝晶形成。具有良好的比特性。其质量比容量为60A·h/kg,是镉镍电池的5倍。②循环寿命长,可达数千次之多。③与镍镉电池相比,全密封,维护少。④低温性能优良,在 -10℃时,容量没有明显改变。

图1-17　各种规格的镍氢单体电池

低压镍氢电池具有:①电池电压为1.2~1.3V,与镉镍电池相当。②能量密度高,是镉镍电池的1.5倍以上。③可快速充放电,低温性能良好。④可密封,耐过充放电能力强。⑤无树枝状晶体生成,可防止电池内短路。⑥安全可靠对环境无污染,无记忆效应等。

5. 钴酸锂电池

优点:生产技术成熟,电池结构稳定,电化学性能优越,比能量高,工作电压高(单体电池标称电压3.7V),放电平稳,循环性能好,综合性能突出。

缺点:成本非常高,高温状态下的稳定性差,安全性差,寿命相对较短。

作为纯电动汽车领域的全球领导者,诞生于美国硅谷的特斯拉电动汽车曾凭借犀利的外形、3.2s的百公里加速时间以及超过400km的续航能力,使人们对于电动汽车的看法有了颠覆性的改变,并且迅速成为挑战传统燃油车的一个代表车型。除了强悍的驱动电机以及出色的电源管理技术之外,特斯拉电动汽车能够一炮走红的原因与其采用来自松下公司的钴酸锂电池不无关系。早期的特斯拉Model S车型使用的是日本松下18650型钴酸锂电池,其单个大小略大于常见的5号干电池,但就是这样看似普通的电池,经过几千颗的相互并串联,组成的电池组同样能够释放出了惊人的能量。相比于其他电池类型,以松下18650电池为代表的钴酸锂电池的优点是技术颇为成熟,比能量高(参与电极反应的单位质量的电极材料放出电能的大小),此外,钴酸锂电池放电电流大,充电速度高,非常适合高性能电动汽车。

为了尽可能提高电池的能量密度,特斯拉公司将这些单颗3100mA·h容量的18650锂电池,整齐排列组合形成一个个小的"电池盒"单元,再将这些单元进一步拼接构成一整块的动力蓄电池组。最终总计8142颗18650型单体电池组合成的电池组拥有超过85kW·h的总容量,从而保证了特斯拉Model S超过400km的续航能力。

特斯拉这种高密度的电池组合方式虽然带来了可观的电池总容量,但是由于钴酸锂电池热稳定性差,再加上将集成电池板平铺于车辆的底盘位置,这样就对电池的散热与安全性提出了更高的要求,为此特斯拉公司不得不设计出了复杂的电池保护程序以及独特的液冷散热系统来保证这套电池组的正常运作。这一方面不仅加大了车身质量,对车辆的续航里程有一定的影响,而且无形中推高了车辆的制造成本。特斯拉电动汽车三元锂电池的应用实践显示出:由于钴酸锂电池循环寿命和安全性都较低,用于汽车动力蓄电池还必须解决好寿命和安全性问题。

6. 锰酸锂电池

优点:成本低、低温性能好。

缺点:能量密度不够大、安全性一般、寿命较短。尽管锂电池耐热冲击和穿刺能力强,但短路会引起防爆膜破裂,而过充易发生起火、爆炸。

单体电池电压一般为3.7V。具有成本低、低温性能好的正极材料,但是锰酸锂材料本身并不太稳定,容易分解产生气体,因此多与其他材料混合使用,但循环寿命衰减较快,容易发生鼓胀,高温性能较差、寿命相对较短。

锰酸锂电池最先由日本车载电池公司AESC(Automotive Energy Supply Company)提出,AESC是日产公司和日本电气股份有限公司(NEC)的合资企业。锰酸锂应用的代表车型是早期的日产聆风。该车型自2010年全球上市之后,累计销量已经超过了30万辆,是纯电动汽车界毫无争议的世界第一。由于相比钴、镍等稀有元素,锰元素储量丰富,因此其价格低、能量密度中等、安全性一般、特性不瘟不火,但具有较好的综合性能。正因为这种不瘟不火的特性,决定锰酸锂电池逐步被新的电池技术所替代,日产聆风也转向了使用三元锂电池。

7. 磷酸铁锂电池

优点:工作电压高、能量密度较高、循环寿命长、热稳定性佳、安全性能好、自放电率小、无记忆效应、成本较低。

缺点:低温下充电效率较低,能量密度比三元锂电池、钴酸锂电池低。

磷酸铁锂单体电池电压为3.2V,方形铝壳磷酸铁锂电池单体能量密度达到160~180Wh/kg的水平,采用叠片工艺,容量甚至能达到185Wh/kg。磷酸铁锂电池正极材料电化学性能比较稳定,这决定了它具有平稳的充放电平台特性。因此,在充放电过程中电池的结构不会发生变化,不会燃烧爆炸,并且即使在短路、过充、挤压、针刺等特殊条件下,安全性仍然非常好。磷酸铁锂电池循环寿命普遍达2000次,最高甚至达到3500次以上。循环寿命达到4000~5000次,就能保证8~10年的使用寿命,高于三元电池1000多次的循环寿命,而铅酸电池的循环寿命仅在300次左右。

磷酸铁锂电池是比亚迪最核心的产品,并且装备于比亚迪旗下的绝大多数车型的电动汽车上。磷酸铁锂电池用磷酸铁锂($LiFePO_4$)材料作电池正极,它的放电效率较高,价格也相比其他锂电池更有优势。作为全球最先实现磷酸铁锂电池产业化的车企之一,比亚迪公司所采用的这类磷酸铁锂电池相比早期的锰酸锂电池,虽然在能量密度上并未有太大差别,但其热稳定性是目前动力锂电池中最好的,当电池温度处于500~600℃高温时,其内部化学成分才开始分解,并且穿刺、短路、高温都不会燃烧或爆炸,而相比之下,松下公司的钴酸锂电池,180~250℃时内部化学成分就已处于不稳定状态,显然,磷酸铁锂电池的安全性要更高一些。

磷酸铁锂电池的使用寿命较长,从深圳出租车市场投入运营的比亚迪E6使用效果上看,这些自2010年开始运营的850辆E6电动出租车行驶总里程已经突破3亿km,其中单车最高行驶里程已经达到 67 万 km,还仍然运行良好,这也说明了磷酸铁锂电池的可靠性较高。这样的成绩也使比亚迪 E6 成为我国电动出租车市场保有量最大的车型。图 1-18 为车用方形磷酸铁锂动力蓄电池。

但除了热稳定性好这一突出的优势之外,磷酸铁锂电池的能量密度较三元锂电池以及钴酸锂电池仍有不小的差距,同样的电池容量,磷酸铁锂电池的重量更重、体积也更大。磷酸铁锂电池最大的痛点还在于低温下的充电问题。当温度低于 -5℃

图 1-18　方形磷酸铁锂动力蓄电池

时,充电效率较低,不满足北方地区新能源汽车车主在冬天的充电需求,这也成为比亚迪的混动车型唐 100、秦 100 改用三元锂电池的重要原因。

8. 三元锂电池(镍钴锰酸锂)

优点:能量密度高、循环寿命长、不惧低温。

缺点:高温下稳定性不足。

三元锂电池作为近年涌现出的一种新产品,其特点在于它具有能量密度高、循环寿命长、利于整车轻量化等优点,对于提升车辆续航里程有很大帮助。

此外更重要的原因则是随着产能的提升,三元锂电池的价格也进一步降低,密度不断提高,正因为这些原因导致国内车企的乘用车纷纷转向使用三元锂电池,例如,北汽新能源的 EV200 和 EX360 两款电动汽车就放弃了磷酸铁锂路线,换用了三元锂电池。

三元锂电池的缺点是三元材料的脱氧温度是 200℃,放热能量超过 800J/g,并且无法通过针刺实验。这就表明了三元电池在内部短路、电池外壳损坏的情况下,很容易引发燃烧、爆炸等安全事故。正是出于安全性的原因导致国家曾暂停过在商用车型上配备三元锂电池。

不过后来随着技术的进步,尤其是在应用了陶瓷隔膜之后,三元锂电池的安全已得到改善。

就目前市场情况来看,三元锂电池综合优势还是比较明显,汽车厂商对于三元锂电池的关注度也在持续增加,三元锂电池是乘用车动力蓄电池未来的重点发展方向。

二、动力蓄电池的构成及工作原理

1. 铅酸电池的构成及工作原理

(1)铅酸蓄电池的组成结构。

铅酸蓄电池主要由正极板组、负极板组、隔板、电解液和容器等构成,其结构如图 1-19 所示。

①正负极板。极板用铅镍合金制成栅架,上面涂以活性物质。正极板上的活性物质为褐色的二氧化铅(PbO_2)。负极板上的活性物质为深灰色的海绵状纯铅(Pb)。当把正、负极板沉浸在电解液中,在正、负极板间就会产生约 2.1V 的电势。安装时,将正、负极板组相互嵌合,中间插入隔板,就形成了单格电池。在每个单格电池中,负极板的片数总要比正极板

的片数多一片,从而使每片正极板都处于两片负极板之间,使正极板两侧放电均匀,避免因放电不均匀造成极板拱曲。

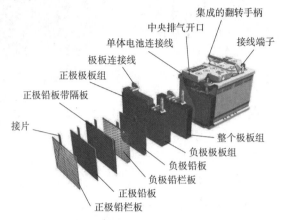

图1-19 铅酸蓄电池的组成结构

②电解液。铅酸蓄电池的电解液是硫酸水溶液,是用蒸馏水稀释高纯浓硫酸制成。其密度高低视铅蓄电池类型和所用极板而定,一般在15℃时为 1.2~1.3g/cm^3。电解液必须保持纯净,不能含有危害铅酸蓄电池的任何杂质。

③隔板。在两极板间均需插入绝缘隔板,以防止正、负极板相互接触而发生短路。这种隔板上密布着细小的孔,既可以保证电解液的通过,又可以阻隔正、负极板之间的接触短路,保护电池。隔板材料有木质、橡胶、微孔橡胶、微孔塑料、玻璃纤维等。

(2)铅酸电池的工作原理。

①放电过程。

当铅酸蓄电池接上负载后,在电动势的作用下,电流就会从蓄电池的正极经外电路的用电设备流向蓄电池的负极,这一过程称为放电,蓄电池的放电过程是将化学能转化为电能的过程。放电时,正极板上的 PbO_2 和负极板上的 Pb 都与电解液中的 H_2SO_4 反应生成 $PbSO_4$,沉附在正、负极板上。在这个过程中,电解液中的 H_2SO_4 不断减少,电解液密度不断下降。理论上,放电过程可以进行到极板上的活性物质被耗尽为止,但由于生成的 $PbSO_4$ 沉附于极板表面,阻碍电解液向活性物质内层渗透,使得内层活性物质因缺少电解液而不能参加反应,因此在使用中放完电时蓄电池活性物质的利用率也只有 20%~30%。采用薄型极板,增加极板的多孔性,可以提高活性物质的利用率,增大蓄电池的容量。

②充电过程。

蓄电池的正、负极分别与直流电源的正、负极相连,当充电电源的端电压高于蓄电池的电动势时,在电场的作用下,电流从蓄电池的正极流入、负极流出,这一过程称为充电。蓄电池充电过程是将电能转换为化学能的过程。充电时,正、负极板上的 $PbSO_4$ 还原为 PbO_2 和 Pb,电解液中的 H_2SO_4 不断增多,电解液密度不断上升。当充电接近终了时,$PbSO_4$ 已基本还原成 Pb。过剩的充电电流将电解水,使正极板附近产生 O_2 从电解液中逸出,负极板附近产生 H_2 从电解液中逸出,电解液中水量减少,液面高度降低。因此,铅酸蓄电池需要定期加蒸馏水。

2. 铁镍电池的构成及工作原理

镍铁电池是由爱迪生(Edison T)和尤格尔(Jungner W)在1899年共同发明的,所以也被称为"爱迪生电池"。镍铁电池开路电压为1.4V,放电时为1.2V。

(1)铁镍电池的组成结构。

正极材料为氧化镍NiO,负极材料为金属铁Fe。在电极制作过程中添加了占比25%左右的石墨粉,以增强活性物质的导电性。铁镍蓄电池的电解液是碱性的氢氧化钾溶液。隔膜采用耐碱石棉纤维材料。

(2)铁镍电池的工作原理。

①放电过程。

正极板上反应:

$$2NiO(OH) + 2H_2O + 2e^- \longrightarrow 2Ni(OH)_2 + 2OH^-$$

负极板上反应:

$$Fe + 2OH^- - 2e^- \longrightarrow Fe(OH)_2$$

铁镍蓄电池在放电过程中,正极上的活性物质被还原为氢氧化镍,负极上的铁失去电子后变为二价铁离子,二价铁离子与溶液中的氢氧根立即结合生成氢氧化铁沉淀。

②充电过程。

正极板上反应:

$$2Ni(OH)_2 + 2OH^- \longrightarrow 2NiO(OH) + 2H_2O + 2e^-$$

负极板上反应:

$$Fe(OH)_2 \longrightarrow Fe + 2OH^- - 2e^-$$

3. 镍镉电池的构成及工作原理

镍镉电池标称电压为1.2V,有圆柱密封式(KR)、扣式(KB)、方形密封式(KC)等多种类型。

(1)镍镉电池组成结构。

正极材料主要为氢氧化镍。镍镉电池正极板上的活性物质由氧化镍粉和石墨粉组成,石墨不参加化学反应,其主要作用是增强导电性。负极材料金属镉。负极板上的活性物质由氧化镉粉和氧化铁粉组成,氧化铁粉的作用是使氧化镉粉有较高的扩散性,防止结块,并增加极板的容量。正、负极材料分别填充在穿孔的附镍钢带(或镍带)中,经拉浆、滚压、烧结、涂膏、烘干、压片等生产环节制成正、负极板。隔膜(隔离层)采用聚酰胺非织布等材料。电解质溶液为氢氧化钾或氢氧化钠水溶液。

(2)镍镉电池工作原理

①放电过程。

电化学反应式为:$Cd + NiO(OH) + H_2O \longrightarrow Ni(OH)_2 + Cd(OH)_2$。可见,放电过程中,消耗了电解液中的水,氢氧化钾并未直接参与反应,只起导电作用,溶质氢氧化钾的量不会随因放电过程而下降。

②充电过程。

电化学反应式为:$Ni(OH)_2 + Cd(OH)_2 \longrightarrow Cd + NiO(OH) + H_2O$。

镍镉电池在使用过程中,会形成"记忆效应",具体就是电池在充电前,电池的电量没有被完全放尽,久而久之将会引起电池容量的降低,在电池充放电的过程中(放电较为明显),会在电池极板上产生些许的小气泡,日积月累这些气泡减少了电池极板的面积也间接影响了电池的容量。当然,几次完整的放电/充电循环将使镍镉电池恢复正常工作。由于镍镉电池的记忆效应,若未完全放电,应在充电前将每节电池放电至1V以下。

4. 镍氢电池的构成及工作原理

(1) 镍氢电池的结构。

正极活性物质为 $Ni(OH)_2$(也称 NiO 电极)。负极活性物质为金属氢化物(也称储氢合金)M。电解质溶液为氢氧化钾(KOH)溶液。隔膜材料为用 PP、PVA 等多种材料纤维制成的无纺布隔膜。

(2) 镍氢电池的工作原理。

充放电化学反应式为:正极为 $Ni(OH)_2 + OH^- = NiOOH + H_2O + e^-$;负极为 $M + H_2O + e^- = MHab + OH^-$;总反应式为 $Ni(OH)_2 + M = NiOOH + MH$。总反应式从左到右的过程为充电过程,从右到左的过程为放电过程。

镍氢电池和同体积的镍镉电池相比,容量多一倍,充放电循环寿命也较长,同时无记忆效应。

镍氢电池的充电特性与镍镉电池类似,充电终止时,镍镉电池电压下降程度比镍氢电池要大许多。当电池容量达到额定容量的80%以前,镍镉电池的温度缓慢上升,当电池容量达到90%之后,镍镉电池的温度才迅速上升。当电池基本充足电时,镍镉/镍氢电池的温度上升幅度基本不变。

5. 钴酸锂电池的构成及工作原理

(1) 钴酸锂电池的结构。

钴酸锂电池指正极采用钴酸锂材料作为活性物质的电池。钴酸锂化学式为 $LiCoO_2$,属无机化合物。

钴酸锂电池的负极材料为石墨(碳),为层状结构。快速充电或者低温充电容易导致负极镀锂问题。

钴酸锂电池的电解质溶液采用六氟磷酸锂和碳酸酯类化合物配制成的溶液。电池循环寿命要受到固体电解质界面(SEI)的限制,主要表现在 SEI 膜的逐渐增厚。

钴酸锂电池的隔膜材料为高强度薄膜化的聚烯烃多孔膜。隔膜材料需要耐有机溶剂。隔膜的性能决定了电池的界面结构、内阻等,直接影响电池的容量、循环以及安全性能等特性,性能优异的隔膜对提高电池的综合性能具有重要的作用。

(2) 钴酸锂电池工作原理。

①充电过程(图1-20)。

电化学反应式为:正极为 $LiCoO_2 \longrightarrow Li_{1-x}CoO_2 + xLi^+ + xe^-$;负极为 $6C + xLi^+ + xe^- \longrightarrow Li_xC_6$。

②放电过程(图1-21)。

电化学反应式为:正极为 $Li_{1-x}CoO_2 + xLi^+ + xe^- \longrightarrow LiCoO_2$;负极为 $Li_xC_6 \longrightarrow 6C + xLi^+ + xe^-$。

钴酸锂不能以高于容量的电流进行充电和放电,强制快速充电或施加高于额定电流会导致过热和超负荷的应力。

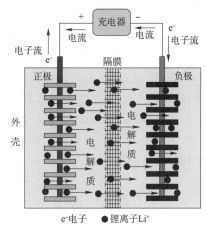
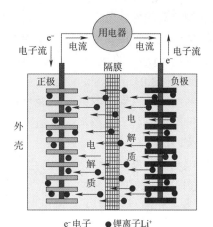

图1-20 钴酸锂电池充电过程　　　　图1-21 钴酸锂电池放电过程

6. 锰酸锂电池的构成及工作原理

锰酸锂电池芯的标称电压为2.5~4.2V。目前,锰酸锂电池以成本低、低温性能好而在很多设备中应用。

(1) 锰酸锂电池构成。

正极构造:$LiMn_2O_4$(锰酸锂) + 导电剂(乙炔黑) + 黏合剂(PVDF) + 集流板(铝箔)正极。

负极构造:石墨 + 导电剂(乙炔黑) + 黏合剂(PVDF) + 集流板(铜箔)负极。

电解质组分:六氟磷酸锂($LiPF_6$) + 碳酸酯类化合物 + 各种功能添加剂,或者:高浓度二氟草酸硼酸锂(LiDFOB)和甲基磷酸二甲酯(DMMP)复合电解液。

(2) 锰酸锂电池工作原理。

① 充电过程。

电化学反应式为:正极为 $LiMn_2O_4 = Li_{1-x}Mn_2O_4 + x\,Li^+ + x\,e^-$(电子);负极为 $6C + x\,Li^+ + x\,e^- = Li_xC_6$。

② 放电过程(图1-22)。

电化学反应式为:正极为 $Li_{1-x}Mn_2O_4 + x\,Li^+ + x\,e^- = LiMn_2O_4$;负极为:$Li_xC_6 = 6C + x\,Li^+ + x\,e^-$。

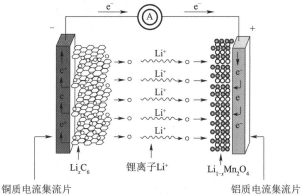

图1-22 锰酸锂电池放电过程

7. 钛酸锂电池的构成及工作原理

钛酸锂电池是一种用钛酸锂材料作为电池负极,与锰酸锂、三元材料或磷酸铁锂等正极材料组成2.4V或1.9V的锂离子二次电池。

(1)钛酸锂电池的结构。

正极材料为磷酸铁锂、锰酸锂、三元材料、镍锰酸锂其中之一。负极材料为钛酸锂材料。隔膜为普通锂电池隔膜。电解液为普通锂电池用的六氟磷酸锂和碳酸酯电解液。电池壳为普通锂电池壳。

钛酸锂电池具有高安全性、高稳定性、长寿命和绿色环保的特点。

(2)钛酸锂电池的工作原理。

以正极为三元锂材料的钛酸锂电池为例,充电时电化学反应式:正极为 $LiNi_{1/3}Mn_{1/3}Co_{1/3}O_2 \rightarrow Li_{1-x}Ni_{1/3}Mn_{1/3}Co_{1/3}O_2 + xLi^+ + xe^+$;负极为 $Li_4Ti_5O_{12} + xLi^+ + xe^+ \rightarrow Li_7Ti_5O_{12}$;总化学反应方程式为 $LiNi_{1/3}Mn_{1/3}Co_{1/3}O_2 + Li_4Ti_5O_{12} \rightarrow Li_{1-x}Ni_{1/3}Mn_{1/3}Co_{1/3}O_2 + Li_7Ti_5O_{12}$。

8. 磷酸铁锂电池的构成及工作原理

(1)磷酸铁锂电池的结构。

磷酸铁锂电池左边是橄榄石结构的 $LiFePO_4$ 材料构成的正极,用铝箔与电池正极连接(图1-23)。右边是由碳(石墨)组成的电池负极,由铜箔与电池的负极连接。中间是聚合物的隔膜,它把正极与负极隔开,锂离子可以通过隔膜而电子不能通过隔膜。电池内部充有电解质,电池由金属外壳密闭封装。单体额定电压为3.2V,充电截止电压为3.6~3.65V。

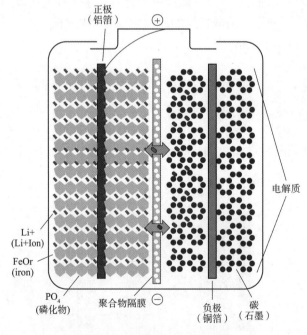

图1-23 磷酸铁锂电池结构示意图

(2)磷酸铁锂电池充放电工作原理。

磷酸铁锂电池的充放电过程中,正极材料的化学反应是在 $LiFePO_4$ 和 $FePO_4$ 之间进行。

在充电过程中，$LiFePO_4$ 逐渐释放出锂离子形成 $FePO_4$，在放电过程中，锂离子嵌入 $FePO_4$ 还原成 $LiFePO_4$。

如图 1-24 所示，电池充电时，正极材料 $LiFePO_4$ 中的锂离子从 $LiFePO_4$ 晶体中迁移到晶体表面，在电场力的作用下，进入电解液，然后穿过隔膜，再经电解液迁移到负极材料石墨（碳）晶体的表面，而后嵌入石墨晶格中。与此同时，正极材料中 $LiFePO_4$ 释放锂离子形成 $FePO_4$ 时，2 价铁离子变成 3 价铁离子所释放的电子，汇同少量放电时产生的锂原子形成锂离子所逃逸的电子在电池正负极间的直流电源作用下经正极的铝箔集电板、正极极耳、正极极柱、外电源电路、负极极柱、负极极耳流向电池负极的铜箔集电板，再经铜箔集电板流到石墨负极，与经电解液和隔膜到达负极的锂离子达到电荷平衡。正极上，锂离子从 $LiFePO_4$ 脱嵌后，$LiFePO_4$ 转化成 $FePO_4$；而负极上，在电场的驱动下锂离子从正极晶格中脱出，经过电解质，嵌入到负极石墨碳晶格中。

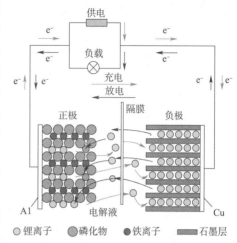

图 1-24 磷酸铁锂电池充放电工作过程

电池放电时，锂离子从负极石墨晶体中脱嵌出来，进入电解液，然后穿过隔膜，经电解液迁移到正极的 $FePO_4$ 表面，然后重新嵌入到 $FePO_4$ 晶格内还原成 $LiFePO_4$。

与此同时，锂离子脱嵌出负极后留下的电子从负极石墨晶体流向铜箔集电板，再经负极极耳、负极极柱、连接在电池正负极之间的电路、正极极柱、正极极耳流向电池正极的铝箔集电板，最后经集电板流到 $LiFePO_4$ 正极，与从电解液迁移到正极的锂离子汇合，使正极的电荷达到平衡。锂离子嵌入到 $FePO_4$ 晶体后，$FePO_4$ 转化还原为 $LiFePO_4$。

9. 三元锂电池（镍钴锰酸锂）的组成及工作原理

（1）三元锂电池组成结构（图 1-25）。

三元锂电池是指正极材料为含锂镍钴锰（或铝）金属元素材料的锂电池。"三元"指的是包含镍（Ni）、钴（Co）、锰（Mn）或铝（Al）三种金属元素的聚合物，在三元锂电池中做正极。三者缺一不可，在电池内部发挥巨大的作用。

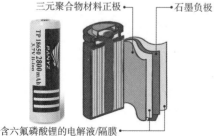

图 1-25 三元锂电池组成结构

镍主要作用是提升电池的体积能量密度，也是提升续航里程的关键因素，但镍的含量过多会导致镍离子占据锂离子位置（镍氢混排），使容量下降；钴能稳定正极材料的层状结构，抑制阳离子的混排，提升材料的循环性能，延长电池的寿命，此外，也决定了电池的充放电速度和效率（倍率性能），但过高的钴含量会导致实际容量降低；钴是稀有金属，成本高昂，锰或铝的作用在于降低正极材料成本，同时提高正极材料结构稳定性和电池的安全性，电池充放电过程中，锰离子或铝离子一般不发生迁移。

为了提高三元锂电池的容量，就需要提高正极中镍的比例。近年，镍的比例在不断提高，从早期的 Ni∶Co∶Mn = 1∶1∶1，到近两年的 Ni∶Co∶Mn = 5∶2∶3、Ni∶Co∶Mn = 6∶2∶2，再到目前的 Ni∶Co∶Mn = 8∶1∶1,电池能量密度越来越大,镍用量也就越来越多。

三元聚合物锂电池在容量与安全性方面是比较均衡的材料,循环性能好于正常钴酸锂,前期由于技术原因其标称电压只有 3.5~3.6V,在使用范围方面有所限制,后来,随着配方的不断改进和结构完善,电池的标称电压已达到 3.7V,在容量上已经达到或超过钴酸锂电池水平。

(2)三元锂电池工作原理。

三元锂电池工作时和其他锂电池基本一样,通过正负电极上的氧化还原反应实现电能与化学能的转化。

①充电过程(图1-26)。

正极反应变化为:

$$Li(Ni_xMn_yCo_z)O_2 \longrightarrow Li_{1-\beta}(Ni_xMn_yCo_z)O_2 + \beta Li^+ + \beta e^-$$

负极反应变化为:

$$6C(石墨) + \beta Li^+ + \beta e^- \longrightarrow Li\beta C_6$$

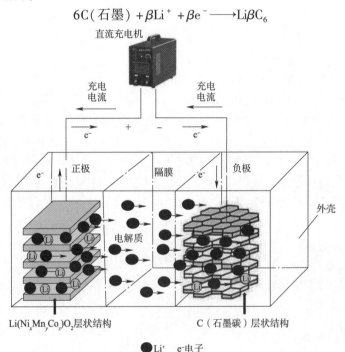

图1-26 三元锂电池充电过程

从上列反应过程可以看出:电池充电时,在外电场作用下,有 β 个 Li^+ 离子首先从正极脱出,自由通过隔膜并经过电解液的输运嵌入到负极材料石墨(C)中。在此过程中,正极材料 $Li(Ni_xMn_yCo_z)O_2$ 因锂离子 Li^+ 的不断脱出而处于贫锂状态,负极则因 Li^+ 的不断嵌入处于富锂状态。电池储存的电能量随负极嵌入锂离子的增多而升高。由于两个电极之间存在锂离子浓度差,为使其保持电平衡,正极上脱出 β 个 Li^+ 离子后剩下的 β 个电子(βe^-)在充电电压的作用下,通过外电路向负极提供 β 个补偿电子。

②放电过程(图1-27)。

正极反应变化为:

$$Li_{1-\beta}(Ni_xMn_yCo_z)O_2 + \beta Li^+ + \beta e^- \longrightarrow Li(Ni_xMn_yCo_z)O_2$$

负极反应变化为：

$$Li_\beta C_6 \longrightarrow 6C + \beta Li^+ + \beta e^-$$

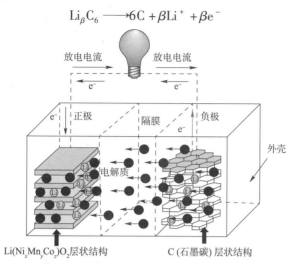

图 1-27 三元锂电池放电过程

电池放电时，由于嵌入到负极石墨材料层中的锂离子首先从负极脱出，形成 β 个 Li^+ 离子和 β 个电子，Li^+ 在电解液输送下穿过隔膜到达并嵌入到电池正极材料 $Li_{1-\beta}(Ni_xMn_yCo_z)O_2$ 中。在这个过程中，负极因 Li^+ 的不断脱出处于锂离子不断减少的状态，而正极因 Li^+ 的不断嵌入处于锂离子不断增加的状态。同时，负极上的 β 个电子也通过外电路向正极迁移，使正极达到电平衡状态。电池放出的电能随正极嵌入锂离子的增多而增大。

值得注意的是，锂离子电池在正常充放电的情况下，正负极材料的晶体结构几乎不发生变化，故从电池的反应过程来看，锂离子电池的反应是一种可逆反应。

三、汽车动力蓄电池的核心技术

对于目前广泛使用的锂电池而言，汽车动力锂电池的核心技术可以分为三个层面，分别是：电芯层面、成组电池层面和动力蓄电池管理层面的技术。

1. 电芯层面的核心技术

第一项电芯层面的核心技术是电池隔膜。隔膜是一种具有微孔结构的薄膜，是锂电池产业链中最具技术壁垒的关键内层组件。隔膜是锂电池的重要组成部分，是支撑锂电池完成充放电电化学过程的重要构件。隔膜位于电池内部正负极之间，保证锂离子通过的同时，阻碍电子传输。尽管隔膜并不参与电池中的电化学反应，但电池的容量、循环性能和充放电电流密度等关键性能都与隔膜有着直接关系。隔膜的性能决定了电池的界面结构、内阻等，直接影响电池的容量大小、循环特性、安全性能，以及起减少内部短路和提高隔膜热关闭的作用。性能优异的隔膜对提高电池的综合性能具有重要作用。随着陶瓷涂层技术得到推广应用，耐高温和高电压的隔膜将成为未来的发展方向。

第二项电芯层面的核心技术是电解液。锂电池电解液一般以高介电常数的环形碳酸酯与低介电常数的线性碳酸酯混合。一般来说锂离子电池的电解质应该满足离子电导率高

($10^{-3} \sim 10^{-2}$ S/cm)、电子电导低、电化学窗口宽(0～5V)、热稳定性好(-40～60℃)等要求。六氟磷酸锂及其他新型锂盐、溶剂提纯、电解液配制、功能添加剂技术持续进步,目前的发展方向是进一步提高其工作电压和改善电池高低温性能,采用安全型离子液体电解液和固体电解质。

2. 成组电池层面的核心技术

电池成组技术(集成电池配组、热管理、碰撞安全、电安全等)也是动力蓄电池系统的关键核心技术。

锂离子动力蓄电池的成组方式特性、高效大容量锂离子电池组均衡技术、单体电池充放电热模型与成组电池包温度场分析和控制技术、成组电池优化快速充电方法都是电池成组层面的核心技术。目前,电池模块化技术、电池成组技术(集成电池配组、热管理、碰撞安全、电安全等)与国外先进发展水平还有较明显的差距,是我国目前正在攻克的技术堡垒。

3. 动力蓄电池管理系统技术

动力蓄电池管理系统技术包括电池管理系统(BMS)电磁兼容技术、信号精确测量(如单体电压、电流等)技术、电池状态精确估计、电池均衡控制技术、故障诊断预测与标定、充电管理技术以及电池热安全监测预警和防控技术等。

任务三　汽车动力蓄电池系统构成及各部分功能认知

 任务要求

通过本任务的学习,你应能:
(1) 准确地表述汽车动力蓄电池系统的定义;
(2) 清楚表述汽车动力蓄电池系统各组成部分的功能。

 相关知识

一、汽车动力蓄电池系统的定义和构成

1. 动力蓄电池系统的定义

如前所述,动力蓄电池是由上千个电池单体以串并联方式形成电池模组,继而构成电池包,从而向汽车动力驱动系统提供所需要的电压和电流。生产制造和工作环境的影响会造成电池单体的不一致性,使电池在电压、容量、内阻等性质上出现差别,导致每个单体电池在实际使用过程中有效容量和充放电电量不一样。为保证电池系统的整体性能,需要对电池进行均衡控制以减少单体电池之间的差异性。同时,电池包在使用过程中会发热,需要改善散热条件,而低温环境下使用又需要加温。因此,必须有热管理系统对电池包进行温度控

制。电池包在充放电过程中也经常出现电流电压不均衡、过充电、过放电等问题,因而也需要设计电池管理系统进行电池状态参数的监测和进行过电流保护、过充过放电保护、过温保护和绝缘监测。电池包在充电和放电时需要线路切换控制和线路接口等等。这些辅助装置和管理系统加入到电池包就构成了动力蓄电池系统。

动力蓄电池系统是由电池单体(或电池模组)、电池管理系统、电池冷却与加热系统以及电气系统和机械结构系统所构成的一个能量存储系统。汽车动力蓄电池系统除了作为能量载体的动力蓄电池之外,还需要电池管理系统(BMS),各种传感器,热管理系统,高低压线束/连接器、开关器件、继电器、熔断丝、手动维护开关 MSD 等构成的电气系统,安装组件(支架、压杆、螺栓等)、箱体(或托盘加上盖)、辅助组件(密封圈、橡胶垫、密封胶、卡扣、扎带)等构成的机械结构系统。

动力蓄电池系统产品涉及电子、电气、信息、软件工程、半导体、电磁学、材料、电化学、化学工程、机械工程、传热学、工程热力学、流体力学等众多专业领域知识,技术难度和系统的复杂程度相对较高。

2. 动力蓄电池系统的组成

图 1-28 所示为汽车动力蓄电池系统组成关系图,图 1-29 所示为动力蓄电池系统结构三维图表明,动力蓄电池系统主要由五个部分组成。

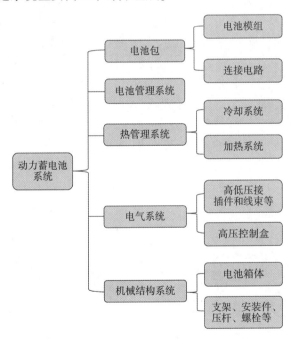

图 1-28 动力蓄电池系统组成结构图

(1)以电池电芯为核心的动力蓄电池模块组合系统(图 1-30)。
(2)电池机械结构系统,包括电池 PACK 上盖、托盘、各种金属支架、端板和螺栓组成等。
(3)高低压电气组件,包括高压跨接片或高压线束、低压线束和继电器等器件(图 1-31)。
(4)电池管理系统(BMS,图 1-32)。典型电池管理系统分为主控模块(中央处理单元)和从控模块(数据采集模块、数据检测模块、显示单元模块、熔断装置与继电器等控制部件)

两大类模块构成。一般通过采用内部 CAN 总线技术实现模块之间的数据通信。

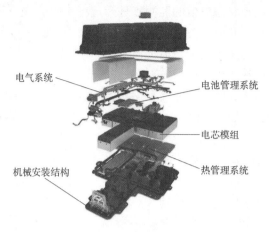

图 1-29　动力蓄电池系统结构三维图

图 1-30　动力蓄电池模块组合系统

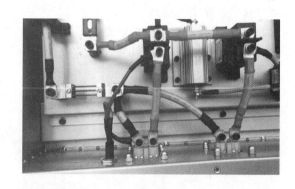

图 1-31　高低压电气组件

（5）热管理系统（图 1-33），主要有三种类型：空冷、液冷和相变材料冷却。以水冷系统为例，热管理系统又由冷却水泵、冷却水道、散热器、控制器（即 BMS）和冷却液温度传感器等部件构成。

图 1-32　动力蓄电池管理系统（BMS）

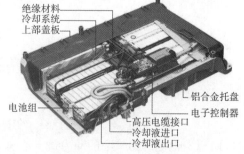

图 1-33　动力蓄电池热管理系统

二、汽车动力蓄电池系统各部分的功能

1. 动力蓄电池模块组合系统的功能

该模块主要功能是负责储存和释放能量，为汽车提供动力。

2. 电气系统的功能

(1) 高低压电气组件。

① 高压配电盒(PDU):整车高压电的一个电源分配的装置,类似于低压电路系统中的电器保险盒。

② 维修开关:介于动力蓄电池和 PDU 之间,当维修动力蓄电池时,使用它可以进行整车高压电的切断,确保维修安全。通常集成在 PDU 上。

(2) 充电接口。

① 快充口:输入高压直流电,可以直接通过 PDU 给动力蓄电池充电。

② 慢充口:输入高压交流电,需要经过车载充电机(On Board Changer)OBC 进行转化后,再通过 PDU 给动力蓄电池充电。

3. 电池管理系统的主要功能

电池管理系统的基本功能可以分为检测、管理、保护三大部分。具体讲,包括数据采集、状态监测、均衡控制、热管理控制、安全保护等功能。

电池管理系统(BMS)通过检测电池组中各单体电池的状态来确定整个电池系统的状态,并根据它们的状态对动力蓄电池系统进行对应的控制调整和策略实施,实现对动力蓄电池系统及各单体的充放电管理以保证动力蓄电池系统安全稳定地运行。

4. 热管理系统的主要功能

电池热管理系统的主要功能是确保电池系统工作在适宜温度范围内,主要由电池箱、传热介质、监测设备等部件构成。热管理系统能对电池温度进行准确地测量和监控,保证电池组温度场均匀分布。在电池组温度过高时有效散热和通风;在温度很低时,能够进行快速加热使电池组达到能够正常工作的温度范围。当产生有害气体时,能够有效通风。

5. 机械结构系统的主要功能

机械结构系统的主要功能是实现动力蓄电池系统各个部分的安装固定。

任务四　动力蓄电池性能及相关技术术语、检测技术标准认知

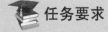
任务要求

通过本任务的学习,你应能:

(1) 准确地表述汽车动力蓄电池的性能及其指标;

(2) 正确解释汽车动力蓄电池的充放电特性曲线变化规律;

(3) 正确解释常用汽车动力蓄电池的技术术语;

(4) 正确理解和应用汽车动力蓄电池检测的相关技术标准。

相关知识

一、汽车动力蓄电池的性能及其指标

汽车动力蓄电池性能是指用于汽车的动力蓄电池具有适合汽车功能要求的物理、化学及技术的特性,包括功能、质量和安全三个方面。功能是实现汽车动力蓄电池应具有各种工作能力;质量是指动力蓄电池能实现其功能的程度和在使用期内功能的保持能力,也可以定义为"实现功能的程度和持久性的度量";安全指动力蓄电池能实现其功能而不出任何事故的程度。

(1) 动力蓄电池功能的主要性能指标有:容量,反映储存电能的能力大小;寿命,反应二次电池反复使用的次数;内阻,反映动力蓄电池使用过程中的内耗程度;充电特性及充电上限保护性能,反映电池充电过程中电能到化学能转换过程的变化规律;放电特性及放电下限保护性能,反映放电过程中化学能快速转换成电能的动力源特性;短路保护特性,反映意外情况下的安全保护性能等。

(2) 电池工作可靠性的主要性能指标有:室温放电容量、室温放电能量、标准循环寿命、工况循环寿命等。

(3) 电池的安全性的主要性能指标有:外部短路安全性、过充电安全性、过放电安全性、加热状态工作安全性、温度循环工作安全性、温度冲击安全性、挤压安全性能、振动工作安全性、机械冲击安全性、浸水工作安全性、盐雾工作安全性、高海拔工作安全性等。

二、汽车动力蓄电池的充放电特性曲线

如前所述,反映汽车动力蓄电池性能好坏的指标及特性有很多,本书将分门别类地介绍在动力蓄电池生产制造、使用维护的全过程中获取各项性能指标的测量方法。在众多性能指标中,充电特性曲线和放电特性曲线能综合反映汽车动力蓄电池工作状态是否良好。

汽车动力蓄电池工作(充放电)时,其工作电压总是随着时间的延续而不断发生变化,用电池的工作电压和充放电时间或容量绘制而成的曲线称为动力蓄电池工作特性曲线(包括充电特性曲线和放电特性曲线)。曲线平坦程度反映了电池工作电压的平稳程度。因此,测定电池的充放电曲线是判断电池性能的基本方法之一。根据放电曲线,可以判断电池工作性能是否稳定以及电池在稳定工作时所允许的最大电流。

图 1-34 和图 1-35 所示为一个额定电压为 72V、额定容量为 150Ah 的三元锂电池在常温 25℃下按照《电动汽车用动力蓄电池电性能要求及试验方法》(GB/T 31486—2015)进行充放电性能测试所得到的充电特性和放电特性曲线图。

从图 1-34 中可见,放完电后的锂电池静止一段时间后,开路电压为 64.7V 左右,低于额定电压 72V。当接上充电器按 1 小时充电率电流 I_1(150A)开始恒流充电时,电池端电压很快上升到 78V。然后随时间的增长,电压缓慢增加。充电时间达到 1h 左右时,电压增加到 83.9V 左右并保持恒定。此时维持恒压充电,充电电流逐渐下降,直至降为 0。从充电特性图中还可发现两个现象:①恒流充电期间,充电总容量随时间线性增长,直至恒流充电结束。这是因为恒流充电,单位时间从电池正极迁移到电池负极的电子数量和锂离子 Li^+ 数量保持

不变,因此,电池容量的增长率保持恒定,充电总容量保持线性增长。②在恒压充电阶段,充电电流非线性下降,充电总容量非线性缓慢增加。此时,充电的阻力增加,锂离子到电池正极的扩散运动受阻严重,电流下降也呈非线性规律。

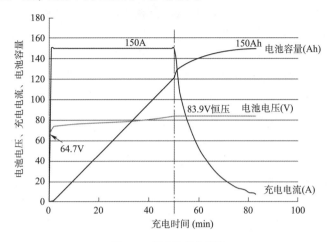

图 1-34　锂电池充电特性

从图 1-35 中可见,恒流放电过程中,电压随时间缓慢下降时,电池放电总容量也按线性规律下降,这也是因为单位时间内从电池负极迁移到正极的电子数量和锂离子数量保持恒定所致。

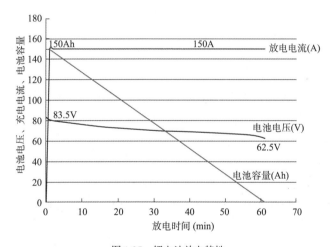

图 1-35　锂电池放电特性

工作正常的动力蓄电池,其充放电特性都应具有这样的规律,可据此判断动力蓄电池的性能好坏。

三、常用动力蓄电池技术术语及性能指标

1. 动力蓄电池结构术语

(1) 电池单体。化学能与电能进行相互转换的基本单元装置。通常包括电极、隔膜、电解质、外壳和端子,并被设计成具有可充电功能。

(2) 电池模块。将一个以上电池单体按照串联、并联或串并联方式组合,并作为电源使

用的组合体。

(3)电池包。具有从外部获得电能并可对外输出电能的单元。通常包括电池模块、电池管理模块(不含BCU)、电池箱及相应附件(冷却部件、连接线缆等)组成。

(4)电池系统。一个或一个以上的电池包及相应附件(管理系统、高压电路、低压电路及机械总成等)构成的能量存储装置。

(5)电池电子部件。采集或者同时监测电池包电和热数据的电子装置。电池电子部件可以包括单体控制器和用于电池单体均衡的电子部件。电池单体间的均衡可以由电池电子部件控制,或者通过电池控制单元控制。

(6)电池控制单元。控制、管理、检测或计算电池系统的电和热相关的参数,并提供电池系统和其他车辆控制器通信的电子装置。

2. 动力蓄电池功能的主要性能指标

(1)电动势。电池的电动势,又称电池标准电压或理论电压,为电池内部将化学能转变成电能而引起电位差的物理量,其值等于电池外电路断开时正负两极间的电位差。

(2)额定电压。额定电压(或公称电压),系指该电化学体系的电池工作时公认的标准电压。

(3)开路电压。电池的开路电压是无负荷情况下的电池电压。

(4)工作电压。指电池在某负载下实际的放电电压,通常是指一个电压范围。

(5)终止电压。指放电终止时的电压值,视负载和使用要求不同而异。

(6)充电电压。指外电路直流电压对电池充电的电压。一般的充电电压要大于电池的开路电压,通常在一定的范围内。

(7)内阻。电池块内阻包括正负极板的电阻、电解液的电阻、隔膜的电阻和连接体的电阻等。电池块的内阻越小越好,但不能是零。

(8)电池容量。完全充电的蓄电池在规定条件下所放出的电量,用放电电流和放电持续时间的乘积来衡量,单位是安培·小时(A·h)或毫安培·小时(mA·h)。该指标是衡量电池性能的重要性能指标之一。例如:容量1600mAh是意味着电池以1600mA放电可以持续放电1h。

(9)额定容量。以制造商规定的条件测得的并由制造商申明的电池单体、模块、电池包或系统的容量值。

(10)实际容量。以制造商规定的条件,从完全充电的电池单体、模块、电池包或系统中实际释放的容量值。

(11)使用寿命。蓄电池每充电、放电一次,叫作一次充放电循环,蓄电池在保持输出一定的容量的情况下所能进行的充放电循环次数,叫作蓄电池的使用寿命。

(12)充电上限保护性能。锂电池充电时,其电压上限有一额定值,在任何情况下,锂电池的电压不允许超过此额定值。该额定值由电池保护板上所选用的IC决定。

(13)放电下限保护性能。锂电池块放电时,在任何情况下锂电池的电压不允许低于某一额定值,该额定值由电池保护电路控制参数决定。

(14)短路保护特性。锂电池块外露的正负极片在被短路时,电池保护电路立即加以判断,并做出反应关断主电源电路。当短路故障排除后,恢复电能输出。

(15)过充电保护。当电池保护电路检测到电池电压达到过充保护门限值时,控制充电回路关断,充电器无法再对电池充电,从而实现过充保护。

(16)过放电保护。在电池放电过程中,当电池保护电路检测到电池电压低于过放保护门限值时,立即关断放电输出回路,使电池无法继续放电;过放电保护状态下电池电压不会再降低,控制电路也进入低功耗状态。

3. 动力蓄电池的核心技术指标

(1)电池能量。电池放电所能做的电功(电功 W = 电压 U × 电流 I × 放电时间 t),单位为 $W \cdot h$。在整车重量给定、正常工况行驶的情况下,主要由电池的能量决定新能源汽车的续航里程。

(2)能量密度。单位体积或单位质量电池释放的能量(单位为 Wh/L 或 Wh/kg)。电池能量(Wh)等于能量密度(Wh/L)乘以电池体积(L),或者比能量(Wh/kg)乘以电池质量(kg)。由于新能源汽车生产商在某特定车型中要严格控制电池在车身中所占空间,因此在动力蓄电池体积一定的情况下,能量密度越高的电芯,电池的能量越大,续航里程也就越长。能量密度是动力蓄电池设计时考量的最重要指标之一。

(3)功率密度。单位体积或单位质量下,单位时间动力蓄电池输出的能量,单位为 W/L 或 W/kg。

(4)电池放电倍率。放电倍率是指在规定时间内放出其额定容量时所需要的电流值,即:放电倍率 = 放电电流/额定容量,单位为 C,1C 表示电池 1h 完全放完电池额定容量电量时的电流强度。

(5)荷电状态(SOC)。荷电状态也叫动力蓄电池剩余电量,用当前电池单体、模块、电池包或系统中按照制造商规定的放电条件可以释放的容量占实际容量的百分比来定量反映,单位为%。

(6)一致性。动力蓄电池的一致性是另一个重要指标。单只电池的性能指标包括能量、内阻、开路电压等。电池系统中串并联的单体电芯个数很多(电动汽车动力蓄电池用到的圆柱18650电芯可以多达5000~7000只)。如果众多单体电池的内阻等方面不能保持高度一致,在相同电流流过时,内阻大的电芯就会发热,进而发生爆炸等安全事故。同时,由于电池系统的能量和寿命存在短板效应(由系统中能量最小、寿命最短的电池决定),因此,生产高能量密度的电池,还要保证生产电池的一致性较好,才能满足车辆对电池的要求。这就需要有较为先进的电池生产设备、严格的生产流程管控以及相关配套技术。

(7)电池热失控。电池单体放热连锁反应引起电池温度不可控上升的现象,称为电池热失控。

(8)电池热扩散。电池包或系统内由一个电池单体热失控引发的其余电池单体接连发生热失控的现象,称为电池热扩散。

(9)容量恢复能力。充满电的蓄电池在一定温度下储存一定时间后,再完全充电,其后放电容量与初始容量之比称为容量恢复能力。

四、动力蓄电池测试技术相关标准

1. 动力蓄电池测试技术相关标准的发展历程

为了保障汽车动力蓄电池的质量和在生产、存放、使用过程中的安全性能,中国质量监督检验检疫总局和国家标准化管理委员会于2015年5月15日联合发布了6项国家标准,并在2016年全面实施。这6项动力蓄电池相关的国家标准是:

(1)《电动汽车用动力蓄电池循环寿命要求及试验方法》(GB/T 31484—2015);

(2)《电动汽车用动力蓄电池安全要求及试验方法》(GB/T 31485—2015);

(3)《电动汽车用动力蓄电池电性能要求及试验方法》(GB/T 31486—2015);

(4)《电动汽车用锂离子动力蓄电池包和系统 第1部分:高功率应用测试规程》(GB/T 31467.1—2015);

(5)《电动汽车用锂离子动力蓄电池包和系统 第2部分:高能量应用测试规程》(GB/T 31467.2—2015);

(6)《电动汽车用锂离子动力蓄电池包和系统 第3部分:安全性要求与测试方法》(GB/T 31467.3—2015)。

其中:GB/T 31484、GB/T 31485、GB/T 31486是在汽车行业标准QC/T 743—2006基础上演变而来的国家标准,标准适用的电池类型范围由原来的锂离子电池扩大至各类动力蓄电池;样品级别在单体和模组基础上增加了动力蓄电池系统级别;模组的定义由5个以上单体串联,变为1个以上单体串联、并联、串并联;新标准默认的充放电倍率为1C,要求更严格;新标准中,实验条件也明确规定了测试的室温为(25±2)℃,环境温度为(25±5)℃,相对湿度15%~90%,测试气压为86~106kPa。而GB/T 31467.1/2/3标准是以国际标准ISO12405-1/2为依据进行编制,但也不完全按照ISO12405的测试规程制定。以上六项标准均为国家推荐执行标准。

由于汽车动力蓄电池的安全性问题日益突出,2020年国家市场监督管理总局和国家标准化管理委员会又发布了1个国家强制标准和一个国家推荐标准:

(1)《电动汽车用动力蓄电池安全要求》(GB 38031—2020)。该强制执行标准从2021年1月1日开始实施,以取代原推荐性标准《电动汽车用动力蓄电池安全要求及试验方法》(GB/T 31485—2015)和《电动汽车用锂离子动力蓄电池包和系统 第3部分:安全性要求与测试方法》(GB/T 31467.3—2015)。这两个标准从1月1日起废止。

(2)《电动汽车用电池管理系统功能安全要求及试验方法》(GB/T 39086—2020)。该国家推荐标准从2021年4月1日开始实施。

2. 各标准的作用

(1)《电动汽车用动力蓄电池循环寿命要求及试验方法》(GB/T 31484—2015)。

GB/T 31484—2015规定了电动汽车用动力蓄电池的标准循环寿命的要求、实验方法、检验规则和工况循环寿命试验方法和检验规则,包括:"室温放电容量(Ah)""室温放电能量(Wh)""室温功率""标准循环寿命(1C充放电循环)"和"工况循环寿命"等5类测试内容。而"工况循环寿命"又细分为"混合动力乘用车功率型电池工况循环寿命""混合动力商用车功率型电池工况循环寿命""纯电动乘用车能量型电池工况循环寿命""纯电动商用车能量型电池工况循环寿命""插电式、增程式电动汽车电池工况循环寿命"等5个检验测试项目。合计9个检验测试项目,见表1-2。

在"室温放电容量"项目中,对容量的差异进行判定,也就是对单体电池、模组及电池系统生产的一致性提出要求。循环工况测试车型范围涵盖了混合动力、纯电动、插电式和增程式各类电动汽车类型。纯电动汽车只有电池和电动机一套驱动系统,而混合动力电动汽车的驱动系统至少由一台燃油发动机及一台电动机组成。插电/增程式电动汽车的汽油发动机没有使用任何机械结构连接到车轮,靠电能驱动车轮,可被认为无动力的混合,故增程式电动汽车循环工况测试的方法和判定条件与纯电动汽车基本一致。

GB/T 31484—2015 标准规定的测试项目、适用对象及测试方法　　　表1-2

序号	测试项目		适用对象	测试方法（标准章节号）
1	室温放电容量(Ah)		电池单体、模组或系统	6.2 及 6.1.1.4
2	室温放电能量(Wh)		电池单体、模组或系统	6.2 及 6.1.1.4
3	室温功率		电池单体、模组或系统	6.3 及 6.1.1.6
4	标准循环寿命(1C 充放电循环)		电池单体或模组	6.4
5	工况循环寿命	混合动力乘用车功率型蓄电池工况循环寿命	电池模组或系统	6.5.1
6		混合动力商用车功率型蓄电池工况循环寿命	电池模组或系统	6.5.2
7		纯电动乘用车能量型蓄电池工况循环寿命	电池模组或系统	6.5.3
8		纯电动商用车能量型蓄电池工况循环寿命	电池模组或系统	6.5.4
9		插电式、增程式电动汽车蓄电池工况循环寿命	电池模组或系统	6.5.3 或 6.5.4

采用混合动力的乘用车和商用车均使用功率型蓄电池,在起动、爬坡以及加速时启动驱动电机运转,此时,功率型蓄电池提供短时大功率输出以保证整车的动力性能。工况循环寿命测试由"主充电工况"和"主放电工况"两部分组成。混合动力电动汽车和纯电动汽车在标准中的循环测试工况又区分了乘用车和商用车两类。乘用车是指在其设计和技术特性上主要用于载运不超过 9 名乘客及随身行李或临时物品的汽车,涵盖了轿车、微型客车以及不超过 9 座的轻型客车;商用车是指在设计和技术特征上用于运送人员与货物的汽车,习惯把商用车分为客车和货车两大类。商用车范围包括所有的载货汽车和 9 座以上的客车。乘用车和商用车的循环测试工况基本一致,但由于乘用车和商用车集成的电池数量不同,"主放电工况"和"主充电工况"的充放电电流大小有差异。例如,纯电动乘用车和商用车能量型蓄电池的国标循环测试工况为:充电过程均按照 1C 标准充满电,而放电过程则要求按照不同的"主放电工况"放电,纯电动商用车放电电流范围为:3C～1C,而纯电动乘用车放电电流范围为:1C～1/3C。

(2)《电动汽车用动力蓄电池安全要求》(GB 38031—2020)。

在 2021 年 1 月 1 日起开始实施的 GB 38031—2020 是我国电动汽车领域首批强制性国家标准之一。该标准的特点是:①电动汽车的整个行驶过程始终处在振动环境中,振动必将影响动力蓄电池的寿命和安全性。GB 38031—2020 首次将动力蓄电池的振动环境下测试技术纳入安全性能测试中,振动测试也是该标准的重要内容。耐振动能力自然也成为动力蓄电池系统的可靠性关键指标,通过振动测试能有效地发现动力蓄电池系统结构薄弱点。②测试对象分单体电池和动力蓄电池包(或者动力蓄电池系统)两个对象,分别规定不同条件影响下的安全性测试方法和要求。单体电池的测试项目包括:过放电、过充电、外部短路、加热、温度循环、挤压等 6 种情况下的安全性能情况;电池包的测试项目包括:振动、机械冲击、模拟碰撞、挤压、湿热循环、浸水、热稳定性、温度冲击、盐雾、高海拔、过温保护、过流保护、外部短路保护、过充电保护、过放电保护等15个测试项目,见表1-3。

GB 38031—2020 标准规定的测试项目、适用对象及测试方法　　　表1-3

序号	测试项目	测试对象	测试方法（标准章节号）
1	过放电时的安全性能	电池单体	8.1.2
2	过充电时的安全性能		8.1.3
3	外部短路情况下的安全性能		8.1.4
4	加热状态的工作安全性能		8.1.5
5	温度循环时的工作安全性能		8.1.6
6	挤压状态下的工作安全性能		8.1.7
7	振动环境下的工作安全性能	电池包或系统	8.2.1
8	机械冲击时的工作安全性能		8.2.2
9	模拟碰撞条件下的工作安全性能		8.2.3
10	挤压状态下的工作安全性能		8.2.4
11	湿热循环情况下的工作安全性能		8.2.5
12	浸水情况下的工作安全性能		8.2.6
13	热稳定性		8.2.7
14	温度冲击下的工作安全性能		8.2.8
15	盐雾环境下的工作安全性能		8.2.9
16	高海拔环境下的工作安全性能		8.2.10
17	电池系统的过温保护	电池系统	8.2.11
18	电池系统的过流保护		8.2.12
19	电池系统的外部短路保护		8.2.13
20	电池系统的过充电保护		8.2.14
21	电池系统的过放电保护		8.2.15

(3)《电动汽车用动力蓄电池电性能要求及试验方法》(GB/T 31486—2015)。

GB/T 31486—2015规定了电动汽车用动力蓄电池的电性能要求、试验方法和检验规则。该标准对于电池单体考察仅有外观、极性、外形尺寸和质量、室温放电容量4项测试,而蓄电池模块的测试涵盖了11项测试,强化了模组级别的电性能考察,见表1-4。蓄电池模块试验样品明确要求总电压不低于单体蓄电池电压的5倍,即送检模组至少有5个单体电池组。

GB/T 31486—2015 标准规定的测试项目、适用对象及测试方法　　　表1-4

序号	测试项目	测试对象	测试方法（标准章节号）
1	电池单体外观	电池单体	6.2.1
2	电池单体极性		6.2.2
3	电池单体外形尺寸和质量		6.2.3
4	室温电池单体充电性能		6.2.4
5	室温电池单体放电容量		6.2.5

续上表

序号	测试项目		测试对象	测试方法（标准章节号）
6	电池模块外观		电池模块	6.3.1
7	电池模块极性			6.3.2
8	电池模块外形尺寸和质量			6.3.3
9	室温电池模块充电性能			6.3.4
10	室温电池模块放电容量			6.3.5
11	室温倍率放电性能	能量型蓄电池模块		6.3.6.1
12		功率型蓄电池模块		6.3.6.2
13	室温倍率充电性能			6.3.7
14	低温放电容量			6.3.8
15	高温放电容量			6.3.9
16	荷电保持及容量恢复能力	常温荷电保持及容量恢复能力		6.3.10.1
17		高温荷电保持及容量恢复能力		6.3.10.2
18	耐受振动的性能			6.3.11
19	蓄电池储存能力			6.3.12

(4)《电动汽车用锂离子动力蓄电池包和系统 第1(或2)部分：高功率(或高能量)应用测试规程》(GB/T 31467.1/2—2015)。

GB/T 31467标准增加了电池包和电池系统的检测内容，要求对电池包和系统做电性能、负载性能、环境性能等测试，使我国评价标准更符合实际使用情况，更加科学、合理地评价车用锂离子动力蓄电池系统的性能。测试项目详见表1-5。GB/T 31467.1规定了电动汽车用高功率锂离子动力蓄电池包和系统电性能的测试方法；而GB/T 31467.2则规定了电动汽车用高能量锂离子动力蓄电池包和系统电性能的测试方法。

GB/T 31467—1/2 标准规定的测试项目、适用对象及测试方法　　表1-5

序号	检测项目		GB/T 31467.1		GB/T 31467.2	
			适用对象	测试方法	适用对象	测试方法
1	基本性能检测	室温下的容量和能量测试	电池包或电池系统	7.1.2	电池包或电池系统	7.1.2
2		高温下的容量和能量测试		7.1.3		7.1.3
3		低温下的容量和能量测试		7.1.4		7.1.4
4		功率和内阻测试		7.2		7.2
5		无负载容量损失	电池系统	7.3	电池系统	7.3
6		存储容量损失		7.4		7.4
7		高低温启动功率		7.5		—
8		能量效率测试		7.6		7.5

GB/T 31467.1 与 GB/T 31467.2 的测试项目均包含 7 个相同测试内容:室温、高温、低温下的能量和容量测试;功率和内阻测试;无负载容量损失;存储容量损失和能量效率测试,只是 GB/T 31467.1 多了高低温起动功率测试一项,即考察 -20℃、40℃温度下,系统在 20% SOC(或厂家规定的最低 SOC 值)的功率输出能力。无负载容量损失、存储容量损失和能效测试项测试均针对蓄电池系统,且 GB/T 31467.1 与 GB/T 31467.2 的这几项的测试流程基本一致。

(5)《电动汽车用电池管理系统功能安全要求及试验方法》(GB/T 39086—2020)。

GB/T 39086—2020 也是在 2020 年公布,2021 年 4 月 1 日开始实施的标准。该标准规定了电动汽车用动力蓄电池管理系统(BMS)的功能安全要求及测试规范,适用于电动乘用车用锂离子动力蓄电池管理系统,其他类型动力蓄电池的管理系统及其他类型车辆的动力蓄电池管理系统也可参照执行。

GB/T 39086—2020 不仅有利于提高动力蓄电池的安全性能,还可以有效提高电池的使用寿命,同时有利于电池管理系统(BMS)产业的发展和技术进步,对提高新能源汽车的安全有重要的积极作用。GB/T 39086—2020 标准规定的检测项目、适用对象及检测方法列在表 1-6 中。

GB/T 39086—2020 标准规定的测试项目、适用对象及测试方法　　表 1-6

序号	测试项目		测试对象	测试方法（标准章节号）
1	功能安全验证	防止电池单体过充电导致的热失控	电池管理系统	8.2.1
2		防止电池单体过放电后再充电导致的热失控		8.2.2
3		防止电池单体过温导致的热失控		8.2.3
4		防止动力蓄电池系统过流导致的热失控		8.2.4
5	功能安全确认	防止电池单体过充电导致的热失控	动力蓄电池系统或整车	8.3.1
6		防止电池单体过放电后再充电导致的热失控		8.3.2
7		防止电池单体过温导致的热失控		8.3.3
8		防止动力蓄电池系统过流导致的热失控		8.3.4

功能安全验证是对电池管理系统功能安全要求与设计的完整性和正确性进行验证,其对象是电池管理系统(BMS)。验证的方法包括:评审、走查、检查、模型检查、模拟、工况分析、证明和测试等,该标准主要给出基于测试的功能安全验证方法,验证目的是证明电池管理系统(BMS)功能安全要求:(1)与验证活动结果的一致性与符合性;(2)实现的正确性。

功能安全确认是在动力蓄电池系统或整车层面对功能安全目标的实现进行确认,以确认安全目标得到充分实现且在电池系统及整车层面能够减轻或避免危险事件的发生。因此,确认的对象是动力蓄电池系统或整车;确认的方法包括检查和测试,而该标准主要给出基于测试的功能安全确认方法;确认目的是:(1)证明安全目标在整车层面的实现是正确、完整的,并得到完全实现;(2)安全目标能够预防或减轻危害分析和风险评估中识别的危害事件及风险。

思考与练习

1. 什么叫动力蓄电池？它有哪几个种类？各个种类的特点是什么？
2. 有人称呼超级电容汽车上的"超级电容"为"超级电容蓄电池"。你认为这个称呼是否正确？为什么？
3. 动力蓄电池的单体封装有哪些形式？各自的优缺点有哪些？
4. 根据电解质的酸碱度可以把单体电池分为酸性电池、碱性电池、中性电池、有机电解质溶液电池。请问镍氢电池、钛酸锂电池、磷酸铁锂电池、镍钴锰酸锂电池各属哪一类？为什么？
5. 汽车动力蓄电池的核心技术体现在哪些方面？
6. "动力蓄电池"与"动力蓄电池系统"在概念上有哪些区别？动力蓄电池系统包括哪几个组成部分？
7. 总结每一种类型动力蓄电池在组成结构和工作原理上的共同特点。
8. 试比较几种主要类型汽车动力蓄电池的优缺点。
9. 汽车动力蓄电池性能是如何定义的？包括哪几个方面？相应的主要技术指标有哪些？
10. 试分析锂电池充放电特性曲线形态与工作过程中客观变化规律之间的关系。
11. 现行动力蓄电池测试技术的相关标准有哪些？标准制定的主要目的是什么？
12. 简述动力蓄电池及其测试技术有哪些技术术语，并说明其含义。

项目二　电池系统的生产过程

任务一　电芯生产过程

任务要求

通过本任务的学习,你应能:
(1)描述动力蓄电池电芯的生产工艺;
(2)了解电芯生产过程中各工序的内容;
(3)了解电芯生产过程中影响电池性能的因素;
(4)分析出电芯的组成结构及各结构在电芯中的作用。

相关知识

电芯是一个电池系统的最小单元。多个电芯组成一个模组,再由多个模组组成一个电池包,这就是车用动力蓄电池的基本结构。电芯就像一个储存电能的容器,能储存多少的容量,是靠正极片和负极片所覆载活性物质多少来决定的。电芯按照外形可分为圆柱、方形、软包等类别。如图2-1所示为圆柱电芯的生产工艺流程。

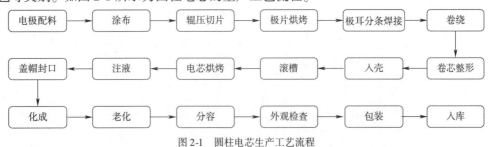

图2-1　圆柱电芯生产工艺流程

一、电极配料工序

电极配料就是电极浆料的制备过程,主要是将电极活性材料、黏结剂、溶剂等混合在一起,利用行星式搅拌机充分搅拌分散后,形成浆料的过程,正极浆料制备过程如图2-2所示,负极浆料制备过程如图 2-3 所示。电极配料是电芯生产过程的第一道工序,该工序质量控制的好坏,将直接影响电池的质量和成品合格率。该工序工艺过程复杂,对原料配方、原料添加步骤、搅拌时间、搅拌温度,搅拌机转速等都有较高的要求。该工序主要控制浆料的黏度、颗粒度和一致性,成品浆料的外观要求为均匀黏稠状胶体,无气泡、杂质、油污、絮状凝胶等现象。在搅拌过程中需要严格控制粉尘,以防止粉尘对电池一致性产生影响。随着市场对电芯质量要求的不断提高,目前部分优秀生产厂家的车间对粉尘的管控水平已经达到医药级别。

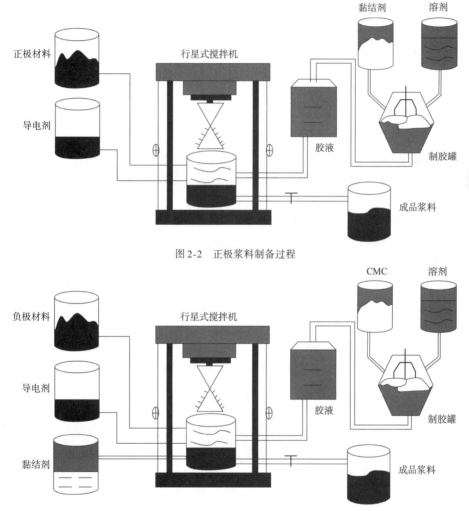

图 2-2　正极浆料制备过程

图 2-3　负极浆料制备过程

电芯正极材料的性能直接影响锂离子电池的性能,其成本直接决定电池成本的高低。目前已经规模化生产的正极活性材料主要有:钴酸锂($LiCoO_2$)、锰酸锂($LiMn_2O_4$)、镍酸锂($LiNiO_2$)、磷酸铁锂($LiFePO_4$)、钛酸锂($Li_4Ti_5O_{12}$)和三元材料($LiNi_xCo_yMn_zO_2$)。

电芯负极的活性材料主要有碳系材料和非碳系材料。碳系材料包括石墨、硬碳、软碳、石墨烯等材料。非碳系材料包括钛基材料、硅基材料、氮化物和金属锂等材料。在工业上,由于石墨的循环性能好,工艺成熟,原材料易获取及成本较低等优点,是目前主流的电芯负极活性材料。

二、涂布工序

1. 涂布的概念

锂电池工作原理是将活性物质的化学能转化为电能的一种电化学过程,在这个过程中,需要一种介质把化学能转化的电能传递出来,这种介质的材料具有良好的导电性能。而在普通材料中,金属材料的导电性是最好的,在金属材料里价格便宜导电性又好的材料有铜、铝、镍和不锈钢等材料。在电芯当中,使用铜箔或铝箔作为导电介质,将电池活性物质产生的电流汇集起来而对外输出电流,该介质称为集流体。

将电极配料工序制备的浆料以指定厚度均匀涂覆在集流体上,并将浆料中的有机溶剂进行烘干,分别制成正、负极极片的工艺过程称为涂布。涂布工序主要目的是将稳定性好、黏度好、流动性好的浆料均匀地涂覆在正负极集流体上,涂布的效果对电池容量、内阻、循环寿命以及安全性有重要影响。

该工序对锂电池的意义,主要体现在如下方面。

(1)对成品电池容量具有重要意义。在涂布过程中,若极片前、中、后三段位置正负极浆料涂层厚度不一致,则容易引起电池容量过低、过高,更易在电池循环过程中形成析锂,影响电池寿命。

(2)对电池的安全性有重要意义。涂布车间要做好现场清洁,确保涂布过程中没有颗粒、杂物、粉尘等混入极片中,如果混入杂物会引起电池内部微短路,造成放电过快,甚至出现安全隐患。

(3)对电池性能一致性具有重要意义。在极片涂布过程中要保证极片前后参数一致,否则同一批电池中会存在较大的容量差异、循环寿命差异等不可接受的质量问题。

(4)对电池寿命有重要意义。浆料涂覆前后差异大、极片混入粉尘、极片左右厚度不均匀等,都关系电池电化学性能的优劣。

涂布工艺参数对锂离子电池性能的影响主要表现在如下方面。

(1)涂布干燥温度控制。若涂布时干燥温度过低,则不能保证极片完全干燥;若温度过高,则可能因为极片内部的有机溶剂蒸发太快,极片表面涂层出现龟裂、脱落等现象。

(2)涂布面密度。若涂布面密度太小,则电池容量可能达不到标称容量;若涂布面密度太大,则容易造成配料浪费,严重时可能出现正极容量过量,导致锂的析出形成锂枝晶刺穿电池隔膜发生短路,引发安全隐患。

(3)涂布尺寸大小。涂布尺寸大小直接影响正极容量,严重时在电池内部会形成锂枝晶,容易刺穿隔膜导致电池内部短路。

(4)涂布厚度。涂布厚度太薄或者太厚会对后续的极片轧制工艺产生影响,不能保证电池极片的性能一致性。

2. 涂布工艺的类型

涂布设备主要由收放卷单元、供料单元、张力控制系统、涂布机头、烘箱等部分组成。涂布可以分为转移式涂布和挤出式涂布两种,两者各有优缺点。

(1)转移式涂布。

涂辊转动带动浆料,通过调整刮刀间隙来调节浆料转移量,并利用背辊或涂辊的转动将浆料转移到基材上,按工艺要求,控制涂布层的厚度以达到质量要求,同时,通过干燥加热除去平铺于基材上的浆料中的溶剂,使固体物质很好地黏结于基材上,原理如图2-4所示。

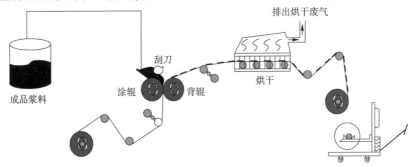

图 2-4　转移式涂布原理图

转移式涂布的优点是对浆料黏度要求不高、容易调节涂布参数、无堵料等。不足之处在于涂布精度较差,无法保证极片的一致性;浆料在辊间暴露于空气中,对浆料的性能有部分影响。

(2)挤出式涂布。

上料系统将涂料输送给螺杆泵,再将浆料动力输送至挤出头中,通过挤出形式将浆料制成液膜后涂布至移动的集流体上,经过干燥后形成质地均匀的涂层,原理如图2-5所示。

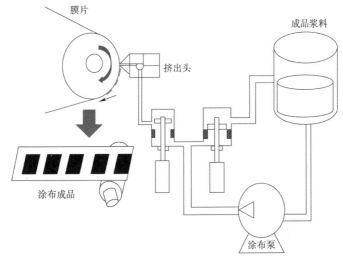

图 2-5　挤出式涂布原理图

挤出式涂布的优点是涂膜后极片非常均匀且精度高、涂层边缘平整度高,密闭操作系统不受异物影响,适合量产。不足之处在于设备精度要求高、维护要求高、浆料黏度范围要求高、变换规格时需要换用新的垫片。

三、辊压切片工序

1. 辊压

辊压是通过辊轮将上一道工序制成的极片进行碾压,使活性物质与集流体接触紧密,减小电子的移动距离,降低极片厚度,增加装填量,提高电池体积的利用率,保证极片厚度一致的过程,如图2-6所示。一般情况下,在材料允许的压实范围内,极片压实密度越大,电池的容量就能做得越高。

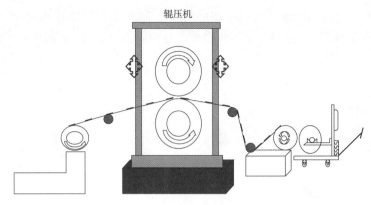

图2-6 辊压工艺过程

(1)辊压的目的。

①保证极片表面光滑和平整,防止涂层表面的毛刺刺穿隔膜引发短路;

②对极片涂层材料进行压实,降低极片的体积,提高电池的能量密度;

③降低活性物质、导电剂、黏合剂之间的孔隙率,提高电子导电率;

④增强涂层材料与集流体的结合强度,减少电池极片在循环过程中掉粉情况的发生,提高电池的循环寿命和安全性能。

(2)辊压工艺过程。

辊压时极片送入两个辊轮的缝隙中,在辊轮载荷作用下涂层被压实,如图2-7所示。从辊轮缝隙中出来后,极片会发生弹性回弹导致厚度增加,因此辊轮缝隙大小 H 和载荷 F 是两个重要的参数。一般情况下,辊轮缝隙要小于要求极片最终厚度。另外,辊压速度 v 的快慢直接决定载荷作用在极片上的保持时间,从而影响极片的回弹程度,最终影响极片的涂层密度和孔隙率。

(3)辊压载荷对极片密度的影响(图2-8)。

①曲线Ⅰ区域为第一阶段。此阶段压力相对较小,涂层内颗粒产生位移,空隙被填充,压力稍有增加时,极片的密度快速增加,极片的相对密度变化有规律。

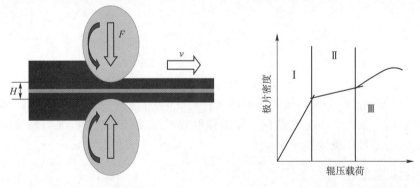

图2-7 辊压示意图　　图2-8 极片涂层密度与辊压载荷的关系

②曲线Ⅱ区域为第二阶段。此阶段压力继续增加,极片经压缩后,密度已经增高,空隙已被填充,浆料颗粒产生了更大的压实阻力。压力再继续提高,但极片密度增加较少。此时浆料颗粒间的位移已经减少,颗粒本身大量的变形还没开始。

③曲线Ⅲ区域为第三阶段。当压力超过一定值后,压力增加,极片密度也会继续增加,随

后又逐渐平缓下来。这是因为当压力超过浆料颗粒的临界压力时,颗粒开始变形、破碎,颗粒内部的孔隙也被填充,使极片密度继续增大,当压力继续增加,极片密度的变化逐渐平缓。

(4)辊压效果对电池性能的影响。

①对电池比能量、比功率的影响:电池电极通过的电量与活性物质的质量呈正比。极片滚压直接影响极片活性物质的压实密度,直接影响电池比能量。

②对电池能量密度、功率密度的影响:极片厚度不一致,活性物质与集流体之间的接触电阻也不同,极片越厚内阻越大,电池极化也就越严重,直接影响电池的能量密度和功率密度。

③对电池循环寿命的影响:极片滚压直接影响了活性物质在电池集流体上的附着力,附着力不足可能造成活性物质在电池充放电过程中的分离与脱落,进而影响电池的循环寿命。

④对电池内阻的影响:极片上活性物质的压实密度和脱落程度极大地影响着电池的欧姆内阻和电化学内阻,也就直接影响电池的各种性能。

⑤对电池安全的影响:极片厚度不一致,即活性物质密度不一致,导致锂离子在极片中的传导速率不同,容易引起锂晶枝析出。极片部分位置出现过压,影响电解液的浸润效果,容易引起锂晶枝析出,而锂晶枝析出容易刺穿隔膜,造成电池内部短路,从而引起安全事故。

2. 切片

切片是按电池需求的尺寸,利用极片分切机对经过辊压的电池极片进行裁切,如图2-9所示。分切后的极片不能出现褶皱、脱粉、毛刺等缺陷,尤其要充分管控毛刺的产生,否则在毛刺上会产生枝晶而刺破隔膜,进而产生严重的安全隐患。

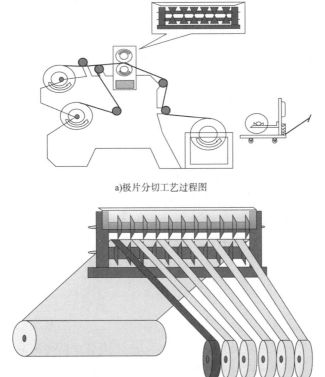

a)极片分切工艺过程图

b)极片分切示意图

图2-9 切片

锂离子电池极片分切工艺主要有以下三种。

(1) 圆盘分切。圆盘分切主要有上、下圆刀盘,装在分切机的刀轴上,利用滚剪原理来分切正负极片,如图2-10所示。上下圆盘刀具类似剪刀刀刃,刃口宽度特别小。当圆盘刀产生的剪切力大于集流体材料的断裂强度时,表面形成微观裂纹并拓展分离。

(2) 模具冲切。利用冲头和下刀模极小的间隙对极片进行裁切,如图2-11所示。冲切工艺过程中,在应力作用下极片表面涂层颗粒之间剥离,集流体发生塑形应变,达到断裂强度之后产生裂纹,裂纹拓展分离。

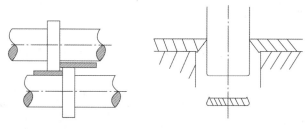

图2-10　圆盘分切　　　　图2-11　模具冲切

(3) 激光切割。圆盘分切和模切都存在刀具磨损问题,这容易引起工艺不稳定,导致极片裁切品质差,引起电池性能下降。激光切割具有生产效率高、工艺稳定性好的特点,已经在工业上应用于锂离子电池极片的裁切。激光切割是利用高功率密度激光束照射被切割的电池极片,使极片很快被加热至很高的温度,迅速熔化、汽化、烧蚀或达到燃点而形成孔洞,随着光束在极片上的移动,孔洞连续形成宽度很窄的切缝,完成对极片的切割。

极片分切常见的质量缺陷有如下方面。

(1) 毛刺。特别是金属毛刺对锂电池的危害巨大,尺寸较大的金属毛刺可直接刺穿隔膜,导致正负极之间短路。而极片分切工艺是锂离子电池制造工艺中毛刺产生的主要过程,极片在分切时容易形成集流体毛刺。

(2) 波浪边。极片分切时可能出现波浪边缺陷。出现波浪边时,极片在后续工序卷绕时会出现边缘纠偏抖动,从而影响工艺精度,另外对电池最终的厚度和形貌也会产生不良影响。

(3) 掉粉。极片出现掉粉会影响电池性能。正极掉粉时,电池容量减小,而负极掉粉时出现负极无法包裹住正极的情形,容易造成析锂。

(4) 尺寸不满足要求。极片分切是按电池规格,对经过辊压的电池极片进行分切,要求分切极片尺寸精度高。卷绕电池设计时,隔膜要包裹住负极避免正负极极片之间直接接触形成短路,负极要包裹住正极避免充电时正极的锂离子没有负极活性物质接纳而出现析锂。极片尺寸精度不足会造成严重的质量问题。

四、极片烘烤工序

电池极片分切后,为了去除极片中的水分,一般使用真空烘烤箱进行烘烤,在使用真空烘烤箱前,会通过大量实验来确认真空和温度条件。烘烤一段时间,然后抽放真空,通过干燥的稀有气体将烘烤箱内烘除的水分带走,以实现烘干目的。此烘烤过程一般以时间为基准,设置不同烘烤阶段,通过抽放真空来实现电池极片干燥的目的。

五、极耳分条焊接工序

极耳是从电芯中将正负极引出来的金属导电体,也就是电池正负两极的耳朵,是在进行充放电时的接触点。这个接触点并不是我们看到的电池外表的任何一个零件,它是电池内部用于连接的一个零件,由金属带和胶片两部分复合而成。胶片是极耳上绝缘的部分,其作用是在电池封装时防止金属带与铝塑膜之间发生短路。一般情况下,电池正极极耳金属带使用铝材料,负极极耳金属带使用镍或镍铜材料。为了保证极耳的性能,金属导体表面不允许有污物、锈蚀、划伤、脱层、褶皱等缺陷,胶体表面不允许有污物、异常压印、气泡、断裂、折痕等缺陷。

1. 分条

极耳分条是指按照需求尺寸通过切刀对电池极耳进行分切的过程,分切后的产品根据包装方式的不同可分为盘式极耳和板式极耳。盘式极耳是整条卷绕成盘,用于自动化生产线;板式极耳是成排摆放并用透明塑料片夹在中间,用于普通生产线。

2. 焊接

极耳焊接是指通过焊接的方式将正、负极极耳分别与电芯的正、负极极片进行永久连接的过程。由于金属箔片很薄,因此极耳与金属箔片焊接时通常使用超声波焊接。超声波焊接是利用超声波频率的机械振动能量,使两个物体表面相互摩擦而形成分子层之间的熔合,从而实现焊接的方法。超声波焊接具有焊接速度快、节能、焊接强度高、无火花等优点。

极耳焊接可能会出现虚焊或过焊的缺陷,这都会导致电池内阻增大,甚至影响充放电性能。为了避免焊接不良,通常在生产过程中进行电阻测试和拉力测试从而保证极耳焊接质量的稳定性。

六、卷绕工序

卷绕就是将正极片、隔膜、负极片三者按次序卷成一个层层包裹的卷芯状的过程,如图 2-12、图 2-13 所示。卷绕过程中必须保证负极完全包住正极,否则会引起短路或充放电时析出锂晶枝,造成安全隐患。

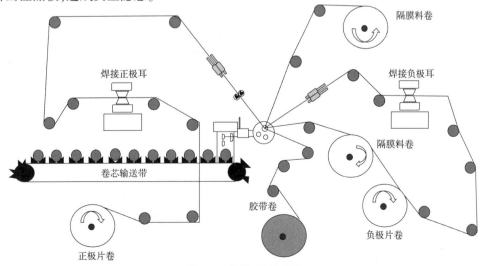

图 2-12 卷绕工艺示意图

1. 隔膜

隔膜是锂离子电池的重要组成部分,隔膜的主要作用是分隔正、负极,防止电池内部短路,如图 2-14 所示。隔膜具有微孔结构特性,可以让电解质离子自由通过,从而实现电池的充放电功能。

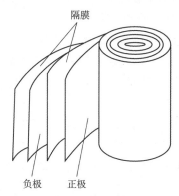

图 2-13　卷绕好的电芯　　图 2-14　电芯隔膜示意图

锂离子电池对隔膜的要求包括如下方面。

(1) 具有电子绝缘性,保证正负极的机械隔离。

(2) 有一定的孔径和孔隙率,保证低的电阻和高的离子电导率,对锂离子有很好的透过性。

(3) 耐电解液腐蚀,有足够的化学和电化学稳定性,这是由于电解质的溶剂为强极性的有机化合物。

(4) 具有良好的电解液的浸润性,并且吸液保湿能力强。

(5) 力学稳定性高,包括穿刺强度、拉伸强度等,但厚度需尽可能小。

(6) 空间稳定性和平整性好。

(7) 热稳定性和自动关断保护性能好。

(8) 受热收缩率小,否则会引起短路,引发电池热失控。

由于电解液为有机溶剂体系,因而需要有耐有机溶剂的隔膜材料,在锂电池发展初期,一般采用高强度薄膜化的聚烯烃多孔膜。由于聚烯烃材料本身对电解液的浸润性较差,影响电池的循环寿命。另外,由于 PE 和 PP 的热变形温度比较低(PE 的热变形温度 80 ~ 85℃,PP 为 100℃),温度过高时隔膜会发生严重的热收缩,因此这类隔膜不适于在高温环境下使用,使得传统聚烯烃隔膜无法满足现今动力蓄电池的使用要求。

随着用户对锂电池性能需求的提升及技术的进步,高孔隙率、高热阻、高熔点、高强度、对电解液具有良好浸润性的隔膜随之产生。目前主要有非织造隔膜、复合隔膜、陶瓷涂层隔膜、多层隔膜等。

2. 卷绕工艺的工作环境

(1) 湿度控制。卷绕环境下湿度过大时,极片吸水量大,增加了极片的水分含量,在电池中产生的气体量增加,使电池的内压增加,影响电池的安全性能。另外,水分的增加会消耗电池中的活性物质,使电池容量下降。因此,卷绕车间的湿度一般控制在 10%RH 以下。

(2) 粉尘控制。卷绕过程中,粉尘超标会引起电芯短路、过热、起火、自放电等不良现象。因此空气洁净度要控制为小于十万级。

七、卷芯整形工序

1. 卷芯整形的目的

在卷绕工艺过程中，必须对隔膜施加一定的张力，以确保正极片、隔膜、负极片之间的整齐程度，然而工艺过程中的张力会使隔膜在走带方向被拉长，隔膜在走带方向的收缩量很大，会使得隔膜严重挤压极片，从而导致电芯在绕卷工艺后，电芯发生变形，变形后的电芯不仅外观平整度差，内部还会存在隔膜褶皱等缺陷，这会导致容量低、循环性能差及自放电快等质量问题，尤其是卷绕较厚的电芯，卷绕后的变形问题尤为突出。另外，松散状态的电芯厚度一致性也差，会影响电芯入壳工艺，增加入壳工艺的难度，甚至导致入壳时电芯损伤。因此，在电芯生产过程中加入了热压整形的工艺。其目的主要有：改善锂离子电池的平整度，使电芯厚度满足要求并具有较高的一致性；消除隔膜褶皱，赶出电芯内部空气，使隔膜和正负极极片紧密贴合在一起，缩短锂离子扩散距离，降低电池内阻。

2. 整形工艺过程

将卷绕好的电芯放在模板上，并设定整形设备的增压缸压力和模板温度，然后上下模板在一定压力和温度作用下使电芯定型，使电芯厚度一致，电芯弹性减小，提升装芯合格率并保证成品电芯厚度的一致性。圆柱电芯的热压整形装置如图2-15所示。

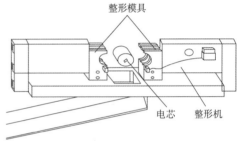

图 2-15　圆柱电芯热压整形装置

底座上固定有能产生相向运动的两个汽缸，在两个汽缸活塞杆尾端带有柱形槽的两个半圆模，两半圆模柱形槽的半径相等且不大于预设卷芯半径。利用机械手或夹具夹持卷芯放置在两个半圆模的中心位置处，控制两个汽缸带动两半圆模合模相向运动，使得两个半圆模对卷芯进行挤压，从而将卷绕整形到预设的尺寸，使之能够放入与之相匹配的外壳内。

在电芯热压整形时，同时对电芯进行绝缘耐电压测试，检测电芯内部是否存在微短路。如果电芯内部存在微小金属异物颗粒，在电芯被压下状态，电芯隔膜刺穿，很容易检测出不合格品。

在热压整形过程中，隔膜可能被严重压缩，隔膜厚度变化大，导致微孔被堵塞，肉眼观察隔膜会变成透明色，这种情况说明热压整形对电芯作用超限，会影响锂离子传输。另外，极片比较脆，电芯折弯处在热压整形中容易发生掉粉甚至断裂，这会导致电子传输受限，增加电池内阻。因此，电芯热压整形也必须避免这些情况发生。这两个方面要求热压整形压力越小越好，时间越短越好。而另外一方面，热压整形又必须使电芯定型，电芯厚度满足工艺要求，电芯弹性减小，并保证成品电芯厚度的一致性。因此，压力、时间和温度等工艺参数需要不断优化并满足要求。

八、入壳工序

入壳是指将卷绕好的电芯装入钢壳或铝壳的过程，如图2-16所示。具体方式为：将下面垫垫入卷芯底部后弯折负极耳，使极耳面正对卷芯卷针孔，最后垂直插入钢壳或铝壳，然后将上面垫装配到壳体上。考虑极片反弹值和后期注液时的下液程度，卷芯的横截面积应

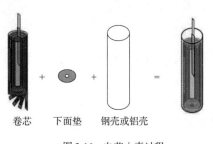

图2-16 电芯入壳过程

小于钢壳内截面积。为保证电池的性能,在入壳过程中,要严格控制车间环境的粉尘、湿度等因素。

九、滚槽工序

将焊针(一般为铜质或合金材质)插入卷芯中间孔,将负极耳与壳体底部进行焊接,如图2-17所示。负极极耳焊接强度≥12N为合格;过低容易虚焊,内阻偏大;过高容易将钢壳表面的镍层焊掉,导致焊点处生锈露液等隐患。

滚槽是通过滚刀将钢壳端部滚压出一个环形槽,如图2-18所示,该环形槽可将卷芯固定在壳体内不晃动。滚槽工序需特别注意横向挤压速度和纵向下压速度匹配,避免横向速度过大将壳体割破,纵向速度过快槽口镍层脱落或影响槽高进而影响封口质量。滚槽过程需要严格控制槽深、扩口、槽高等工艺指标。滚槽完成后需要再次对整体进行吸尘处理,避免金属碎屑进入壳体而导致内部短路。

图2-17 点底焊　　图2-18 滚槽

十、电芯烘烤工序

电芯在制作过程中,会带入一定的水分,如果不把水分控制在标准之内,将会严重影响电池性能的发挥和安全性能。因此,在电芯经过滚槽后必须经过烘烤工序,如图2-19所示。

一般采用自动真空烤箱进行烘烤,烘烤温度为85℃,烘烤时间为72h。电芯在真空烤箱进行烘烤时,烤箱内部处于负压状态。这是因为在负压环境下,水的沸点显著降低,当气压降低、温度升高时,电芯中的水分气化将更加迅速和彻底,可达到快速干燥的目的。

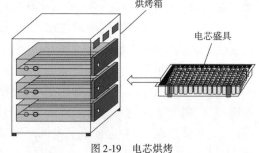

图2-19 电芯烘烤

真空烤箱在加热过程中,为了避免电芯发生氧化反应,一般都要每小时抽一次真空并注入氮气。

十一、注液工序

注液是指控制液体电解质的量及注入时间,使液体电解质从注液口注入电池的过程,如图 2-20 所示。电解液担当充放电的介质,保证充放电过程中有足够的锂离子能够在正、负极片之间进行迁移。电解液要充分而均匀的浸润到锂电池内部,否则影响电池的性能。

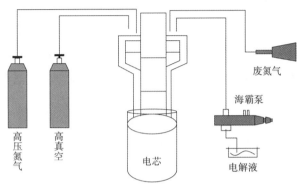

图 2-20　电芯注液示意图

具体注液过程为:将烘烤合格的电芯快速放入真空手套箱内,进行称重,记录质量,套上注液套杯,将设计好重量的电解液加入套杯中(一般会进行泡液实验:将电芯放入电解液中,浸泡一段时间,测试电芯最大吸液量,一般按实验量进行注液),放入真空箱中抽真空(真空度≤-0.09MPa),加速电解液浸润极片,进行几次循环后,取出电芯进行称重,计算注液量是否符合设计值,若不符合需进行调整,直到符合设计要求。

十二、盖帽封口工序

盖帽是用激光点焊机将正极耳与电池盖帽焊接在一起,然后将盖帽压装在钢壳上的过程,如图 2-21 所示。然后通过封口机将钢壳与盖帽密封圈紧密贴合在一起,隔绝外界空气、灰尘、水分对电池内部的影响。

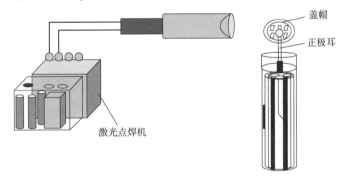

图 2-21　盖帽封口示意图

十三、化成工序

化成是指在电池封口后,通过一定的充放电方式将其内部正负极物质激活,从而改善电池综合性能的过程。在电池首次充电过程中,电极固体相界面与电解液液相界面之间会形成一个钝化薄层,称之为固体电解质界面膜或称 SEI 膜。电解液中的有机物会与锂离子形成溶剂化大分子,锂离子形成的溶剂化大分子比锂离子外形大,会嵌入负极层中,频繁嵌入或脱出,很容易导致碳层塌陷,从而导致电池容量降低。而 SEI 膜的形成,可阻止大分子的进入,只让锂离子进入或让溶剂化大分子中的锂离子分离出来,嵌入碳分层中。工业上为了形成良好的 SEI 膜及提高生产效率,一般都采用由小到大阶梯式充放电的方法。

十四、老化工序

化成后形成的 SEI 膜结构紧密且孔隙小,将电池再进行老化,将有助于 SEI 结构重组,形成宽松多孔的膜,以此提高锂电池的性能。老化是指电池装配注液完成后第一次充电化成后的放置。

锂电池的老化一般选择常温老化 7 ~ 28 天时间,但是也有的企业采用高温老化制度,即在 38 ~ 50℃ 的环境下老化 1 ~ 3 天。高温老化只是为了缩短整个生产周期,其目的和常温老化一样,都是让正负极、隔膜、电解液等充分进行化学反应达到平衡,让锂电池达到更稳定的状态。

十五、分容工序

一批锂离子电池做好以后,虽然尺寸相同,但电池的容量会有差异的。因此,必须在设备上面按规范充满电,而后按规范的电流完全放电。放完电所用的时间乘以放电电流就是电池的容量。只有测试的容量满足设计的容量,锂离子电池才是合格的。这个通过容量测试筛选出合格电池的过程叫分容。电池生产企业一般会对电池容量状态进行分类编组,就是筛选出单体的内阻和容量相同的单体进行组合。只有性能很接近的才能组成锂电池组。

为了提高锂电池的循环寿命、稳定性、自放电性、安全性等性能,必须严格控制锂电池的一致性。工业上一般使用分容设备进行电池分容,其精度在千分之一左右。

十六、外观检查、包装、入库工序

电芯外观要求平整、无褶皱、开裂现象,喷码内容无误、字体清晰、排列整齐。检查外观合格后对电芯进行外包装,然后入库存放待发货。

任务二　模组生产过程

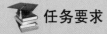
任务要求

通过本任务的学习,你应能:
(1) 描述动力蓄电池模组的生产工艺;
(2) 了解模组生产过程中各工序的内容;
(3) 了解模组生产过程中影响电池性能的因素;
(4) 分析出模组的结构及各结构的作用。

相关知识

模组是多个性能基本一致的电芯通过串并联的方式连接而成的一个组合体。单体电芯组成模组主要是为了模块化和标准化，同时提升整体强度。模组的性能对电池系统的影响很大，除了电芯自身性能以外，模组的生产过程直接影响模组成品的性能。

下面以模组在工厂的生产流程为例，对模组的结构及生产过程监测进行详细阐述。

在圆柱电芯模组设计中，模组结构是多种多样的。客户和车型的需求不一样，最终导致模组的制造工艺也不一样。模组一般由电芯、上下支架、汇流排（连接片）、采样线束、绝缘板等部件组成，如图 2-22 所示为较典型的一种圆柱电芯模组结构。

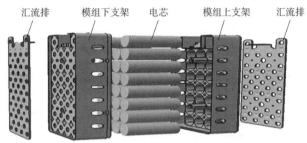

图 2-22 圆柱电芯模组结构示意图

在进行模组工艺流程设计时，一般需要考虑：安全性（产品安全和安全生产）、电性能（容量、电压、内阻、性能的一致性）、生产节拍（节拍越高，表示产能越大）、尺寸（外形尺寸和固定尺寸）、工艺路线（指关键工艺的选择和确定）、成本（产品设计和工艺设计时都需要考虑的要素）。

如图 2-23 所示为模组生产过程的常用工艺流程。

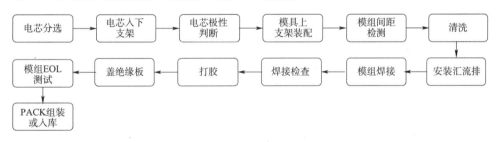

图 2-23 圆柱电芯模组工艺流程图

一、电芯分选

电池模组生产时，必须考虑同一个模组里面所有电芯的性能参数的一致性，确保模组性能满足动力蓄电池系统的要求。为了保证模组电性能的一致性，需要对电芯来料进行严格的筛选。电芯生产厂家会在电芯下线入库前进行一次分选，按照工艺技术要求，将电压、内阻和容量等性能参数相近的电芯进行分组。通常情况下，电芯生产厂家与电池包生产厂家的性能目标是不同的，考虑制造工艺、成本、电芯性能等因素，电池包生产厂家一般会按自己的技术标准对电芯重新进行分选。技术标准制订得合理，会提高电芯的配组利用率，从而提升生产效率，降低生产成本。在实际生产过程中，还需要对电芯的外观进行检查，比如检查电芯有无绝缘膜破损、喷码不清晰、电解液渗出、钢壳生锈、正负极端面污渍等不良品。表 2-1 为某项目电池模组电芯分选参数。

某项目电池模组电芯分选参数　　　　　表 2-1

电芯编号	电芯内阻(mΩ)	电芯电压(V)	电芯编号	单节内阻(mΩ)	单节电压(V)
MZ0101	22.8	3.91	MZ0131	22.5	3.91
MZ0102	22.7	3.91	MZ0132	22.6	3.91
MZ0103	22.9	3.91	MZ0133	23.2	3.91
MZ0104	22.6	3.91	MZ0134	23.0	3.91
MZ0105	22.5	3.91	MZ0135	23.2	3.91
MZ0106	22.6	3.91	MZ0136	22.7	3.91
MZ0107	23.1	3.91	MZ0137	22.9	3.91
MZ0108	22.9	3.91	MZ0138	22.9	3.91
MZ0109	23.2	3.91	MZ0139	22.6	3.91
MZ0110	23.0	3.91	MZ0140	23.1	3.91
MZ0111	23.2	3.91	MZ0141	23.0	3.91
MZ0112	22.9	3.91	MZ0142	22.5	3.91
MZ0113	23.1	3.91	MZ0143	23.2	3.91
MZ0114	22.8	3.91	MZ0144	22.8	3.91
MZ0115	22.9	3.91	MZ0145	22.8	3.91
MZ0116	22.7	3.91	MZ0146	22.7	3.91
MZ0117	23.1	3.91	MZ0147	22.7	3.91
MZ0118	22.8	3.91	MZ0148	22.6	3.91
MZ0119	23.2	3.91	MZ0149	22.9	3.91
MZ0120	22.8	3.91	MZ0150	22.8	3.91
MZ0121	22.5	3.91	MZ0151	22.6	3.91
MZ0122	22.7	3.91	MZ0152	23.0	3.91
MZ0123	22.9	3.91	MZ0153	22.4	3.91
MZ0124	23.2	3.91	MZ0154	23.0	3.91
MZ0125	22.5	3.91	MZ0155	23.0	3.91
MZ0126	22.9	3.91	MZ0156	23.1	3.91
MZ0127	23.2	3.91	MZ0157	23.1	3.91
MZ0128	23.2	3.91	MZ0158	22.8	3.91
MZ0129	22.8	3.91	MZ0159	22.9	3.91
MZ0130	22.4	3.91	MZ0160	22.6	3.91
模组内阻	2.4mΩ		模组电压	3.91V	

二、电芯入下支架

电芯入下支架是指把分选出来的电芯装入模组下支架的电芯安装孔中,如图 2-24 所示。模组下支架为注塑产品,其电芯安装孔的尺寸精度由注塑模具保证。由于电芯生产厂家对电芯外壳的尺寸公差要求与模组下支架生产厂家对电芯安装孔的尺寸公差不一定完全一致,可能导致电芯与下支架孔之间的配合不符合技术要求。如果孔太大,方便电芯安装,但是电芯固定不好,影响焊接效果;如果孔太小,电芯装入下支架定位孔比较困难,严重的可能导致电芯安装不进去,影响生产效率。为了便于电芯安装,又能固定好电芯,电池包生产厂家要对电芯和模组支架的尺寸公差进行统一要求并严格检验。

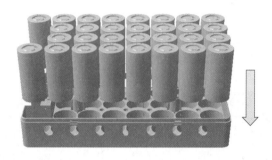

图 2-24 电芯入下支架示意图

三、电芯极性判断

电芯极性判断是指电芯装入模组下支架后,对电芯的正负极方向进行检查确认的过程。极性检查是为了防止电芯正负极装反,避免在后续工序中装入汇流排后引起模组短路,导致产品损坏,甚至导致安全事故。

四、模组上支架装配

模组上支架装配是指把上支架与已经装好电芯的下支架进行组装,并把电芯固定在支架内的过程。装配时要注意上支架与下支架的扣合位要对齐,防止扣合卡扣断裂。

五、模组间距检测

模组间距(图 2-25)检测是指检测电芯极柱端面与支架表面的间距检测,目的是检查电芯极柱端面与支架的配合程度,用于判断电芯是否固定到位,对是否满足焊接条件进行提前预判。如果间距过大,会导致后续汇流排与电芯无法焊接或焊接不牢固。

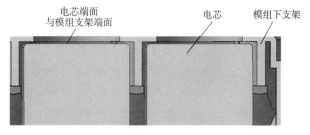

图 2-25 模组间距

六、清洗

模组支架与电芯的装配过程中,可能会造成电芯正负极两端面产生污物和粉尘。为了减少焊接不合格品,保证后续汇流排的焊接质量,要对装配好电芯的模组支架进行清洗。工业上一般使用等离子清洗法,其是一种干法清洗,主要是依靠等离子中活性离子的"活化作用"去除物体表面的污渍和粉尘。

七、安装汇流排

汇流排是将模组内各电芯连接到一起的一种连接件,其要求为高导电率、低内阻。动力蓄电池包上一般使用铜片或镍片。

汇流排安装是指把汇流排安装到模组上的过程,如图2-26所示。装配时要将汇流排的定位孔与模组支架的定位柱对齐安装,目的是使汇流排位置处于电芯正负极表面的中心,便于焊接。

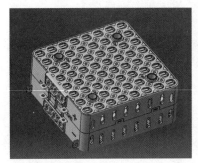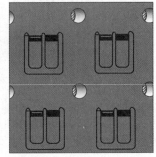

图2-26 汇流排安装示意图

八、模组焊接

模组焊接是指通过焊接的方式将汇流排分别与电芯正负极表面熔接在一起,从而达到串并联成组的目的。按照焊接设备的不同,电池模组焊接的方法分为三种。

1. 电阻焊

电阻焊是在焊极与被焊工件接触位置处产生电阻热作为热源,从而将焊件局部加热到熔化状态,同时加压使被焊工件结合的一种焊接方法。电阻焊在焊接时,焊件变形小、生产率高、容易实现自动化。在进行电阻点焊工艺设计时,需要考虑的因素有:汇流排的材质、结构和厚度;电极的材质、形状、前端直径和修磨频次;工艺参数优化,如焊接电流、焊接电压、焊接时间、加压力等;焊接面的清洁度和平整度。

2. 激光焊接

激光焊接是一种以聚集的高能量密度激光束作为能源,轰击焊件而产生热量的焊接方法。激光焊接过程属于热传导型,即激光辐射加热焊件表面,表面热量通过传导向内部扩散,通过控制激光脉冲的宽度、能量、功率和频率等参数,使焊件表面熔化,从而形成焊点。由于激光具有折射、聚集等光学性质,使得激光焊接适合薄壁零件、微型零件及可焊性较差部位的焊接。激光焊接具有效率高、变形小、热输出低等特点,已经在动力蓄电池模组生产线上得到大量应用。

3. 超声波焊接

超声波焊接是利用高频振动波传递到被焊件表面,在加压的情况下,使两个物体表面相互摩擦而形成分子层之间的融合。通过超声波发生器将 50/60Hz 交流电转换成 15kHz、20kHz、30kHz 或 40kHz 高频电能,被转换的高频电能通过换能器再次被转换成为同等频率的机械运动,随后机械运动通过一套可以改变振幅的装置传递到焊极,焊极将接收到的振动能量传递到被焊工件的结合部,在该区域,振动能量被通过摩擦方式转换成热能,将焊接位置进行熔化。超声波焊接具有易实现自动化、焊后电阻系数低、对焊件表面要求低、焊接无火花、焊接变形小等特点。

九、焊接检查

在焊接过程中,设备一般对焊接的参数都有监控,假如监测到参数异常,设备都会自动报警。由于影响焊接质量的因素很多,只通过参数监测来判断焊接失效,目前结果还不是特别理想。在实际的生产控制中,一般还会通过人工检查外观和人工挑拨汇流排的方式,再次检查和确认焊接效果,要求焊接位置正确,无焊穿、虚焊等不良现象,如图 2-27 所示。

图 2-27　焊接检查

十、打胶

胶水在模组应用上,一般有两种用途:一种用途是固定电芯,主要重视胶水的黏接力、抗剪强度、耐老化、寿命等性能指标;另一种用途是把电芯和模组的热量通过导热胶传递出去,主要重视胶水的导热系数、耐老化、电气绝缘性、阻燃性等性能指标。由于胶水的用途不同,胶水的性能和配方也不同,实现打胶工艺的方法和设备就不同。在胶水选择和打胶工艺方面,需要考虑以下三点。

(1)胶水的安全环保性能:尽量选择无毒无异味的胶水,不但可以保护操作者,也可以保护使用者,还能更好地保护环境,也是新能源技术发展的目标。

(2)胶水的表干时间:为了提高生产效率,一般希望胶水的表干时间越短越好。在实际生产过程中,假如胶水表干时间过短,由于待料、设备异常等因素,会导致胶水的大量浪费;也可能由于操作员处理不及时,因胶水固化时间短而导致设备堵塞,严重时导致停线。

(3)胶水的用量:胶水用量主要由产品和工艺来确定,目的是满足产品的要求。目前常用打胶工艺有点胶、涂胶、喷胶和灌胶,每种工艺所需要的设备也是不同的。在打胶时需要注意胶量的控制,避免产生溢胶而影响其他工序。

十一、盖绝缘板

盖绝缘板是指把模组的汇流排进行绝缘保护起来。在生产时,需要注意绝缘板不能高出支架的上边缘,同时绝缘板与支架边框之间的间隙最好小于1mm。

十二、模组 EOL 测试

EOL(end of line)测试也称下线测试,是生产过程中质量控制的关键环节,主要针对模组的特殊特性进行测试,主要测试项目包括绝缘耐压测试、内阻测试、电压采样测试、尺寸检测、外观检查。

测试项目一般根据客户和产品的要求来增减,其中安全检测项目是必不可少的,关于测试方法及过程在本书后续章节中有专题阐述。

十三、转入 Pack 组装或入库

经 EOL 测试合格的模组按规定转入 Pack 组装工序或入库,转运过程中需要对模组进行绝缘保护并防止模组跌落。

针对不同的客户和产品,工艺流程的设计是不同的,目的都是为了快速地响应客户和市场的需求。

任务三　PACK 生产过程

任务要求

通过本任务的学习,你应能:
(1)描述动力蓄电池系统的组成;
(2)了解电池系统中各元器件的功能和原理;
(3)了解电池系统充电和放电的原理;
(4)描述动力蓄电池各子系统的作用;
(5)独立绘制电池系统充放电原理图。

相关知识

电池包(PACK)就是电池系统总成。电池系统是由动力蓄电池模组、电池管理系统(BMS)、电气系统、热管理系统及机械结构系统等组成。电池系统对于电动汽车而言,如同汽油之于传统燃油车,是电动汽车的重要能量来源或唯一能量来源。动力蓄电池技术是电动汽车的三大核心技术之一,电池系统的集成技术,对电动汽车的性能和安全至关重要。

一、电气系统的组成、生产过程及工作原理

电池包电气系统是由多个元器件相互连接而构成的,其作用主要有:输出可靠高效的电能为新能源汽车提供动力;通过连接外部电源为电池输入电能;执行电池管理系统发出的命令从而保护电池。

1. 接触器

接触器是一种用来频繁接通或断开交直流主电路及大容量控制电路的自动切换电器。它是利用电磁吸力和弹簧反作用配合动作而使触头闭合或断开的一种电器,同时还具有低压释放保护的功能,并能实现远距离控制。接触器按其主触头通过电流的种类不同,可分为直流接触器和交流接触器。

2. 继电器

继电器是一种根据外界输入的信号(电量,如电压、电流;非电量,如时间、速度、热量等)来控制电路的通、断的自动切换电器,其触点常接在控制电路中。继电器的触点不能用来接通和分断负载电路,这也是继电器作用与接触器作用的区别。

3. 熔断器

熔断器是一种用于短路和过流保护的电器,它是由熔体和安装熔体的绝缘底座或绝缘管等组成。熔体呈片状或丝状,用易熔金属材料如锡、铅、铜、银及其合金等制成,熔丝的熔点一般在 200~300℃。熔断器使用时是串接在要保护的电路上,当正常工作时,熔体相当于一根导体,允许通过一定的电流,熔体的发热温度低于熔化温度,因此长期处于非熔断状态;而当电路发生短路或严重过载故障时,流过熔体的电流大于允许的正常发热的电流,使得熔体的温度不断上升,最终超过熔体的熔化温度而熔断,从而切断电路,保护了电路及设备。熔体熔断后要更换熔体,电路才能重新接通工作。

在新能源汽车动力系统设计时,熔断器的额定电流一般选用系统额定电流的(1.5~2.5)倍。

4. 电流检测传感器

电动汽车动力系统中常用的电流检测元件主要有分流器(图 2-28)和霍尔电流传感器(图 2-29)。

图 2-28　分流器　　　　　　　图 2-29　霍尔电流传感器

分流器是一种测量直流电流用的仪器,根据直流电流通过电阻时在电阻两端产生电压的原理制成。分流器实际上就是一根短的导体,通常选用各种金属或合金材料,其直流电阻值是调好的。分流器是串接在被测电路中使用的,当直流电流通过分流器,分流器两端产生毫伏级直流电压信号,使并接在该分流器两端的计量表指针摆动,该读数就是被测电路的电流值。

霍尔器件是一种采用半导体材料制成的磁电转换器件,霍尔电流传感器包括开环式(图2-30)和闭环式(图2-31)两种。高精度的霍尔电流传感器大多属于闭环式,闭环式霍尔电流传感器基于磁平衡式霍尔原理,即闭环原理。

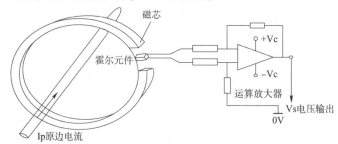

图2-30　开环霍尔电流传感器原理

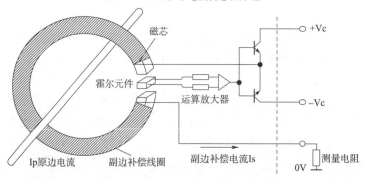

图2-31　磁平衡式霍尔电流传感器原理

在电路中,将载流体周围的磁通集中穿过霍尔元件,同时霍尔元件电流端子通以规定的直流电流,霍尔元件电压端上就会产生霍尔电势,将此电势放大后输入磁芯的补偿线圈,当补偿线圈产生的磁通完全补偿被测电流产生的磁通时,补偿线圈的电流按比例反映了被测电流的数值。

当原边电流 Ip 流过一根长导线时,在导线周围将产生一磁场,该磁场的大小与流过导线的电流成正比,产生的磁场聚集在磁环内,通过磁环气隙中霍尔元件进行测量并放大输出,其输出电压 Vs 精确的反映原边电流 Ip。

磁平衡式电流传感器也称补偿式传感器,即原边电流 Ip 在聚磁环处所产生的磁场通过一个次级线圈电流所产生的磁场进行补偿,其补偿电流 Is 精确的反映原边电流 Ip,从而使霍尔器件处于检测零磁通的工作状态。

具体工作过程为:当主回路有一电流通过时,在导线上产生的磁场被磁环聚集并感应到霍尔器件上,所产生的信号输出用于驱动功率管并使其导通,从而获得一个补偿电流 Is。这一电流再通过多匝绕组产生磁场,该磁场与被测电流产生的磁场正好相反,因而补偿了原来的磁场,使霍尔器件的输出逐渐减小。当与 Ip 与匝数相乘所产生的磁场相等时,Is 不再增加,这时霍尔器件起到指示零磁通的作用,此时可以通过 Is 来测试 Ip。当 Ip 变化时,平衡受到破坏,霍尔器件有信号输出,即重复上述过程重新达到平衡。被测电流的任何变化都会破坏这一平衡。一旦磁场失去平衡,霍尔器件就有信号输出。经功率放大后,立即就有相应的电流流过次级绕组以对失衡的磁场进行补偿。从磁场失衡到再次平衡,所需的时间理论上不到 1μs，这是一个动态平衡的过程。

霍尔电流传感器使用原则有：原边导线应放置于传感器内孔中心，尽可能不要放偏；原边导线尽可能完全放满传感器内孔，不要留有空隙；需要测量的电流应接近于传感器的标准额定值，不要相差太大。

5. 预充电电阻

预充电是指在放电回路中串联预充电电阻（图2-32），对预充电电流的大小进行限制，以减少继电器接触瞬间产生的火花拉弧现象，降低电流冲击，增加安全性，避免损坏功率器件。预充电过程是指动力蓄电池经预充电阻向负载电容进行充电，待监测到负载电容完成充电后断开预充继电器的过程。

图2-32　预充电电阻

图2-33为预充电回路原理图，假设某动力蓄电池系统额定电压 U_B 为300V，当无预充电路时，主正继电器 K_1 和主负继电器 K_3 闭合与电机控制的负载电容 C 接通，此时，负载电容 C 上的电压接近于0V，相当于瞬间短路，负载电阻仅仅是导线和继电器触点的电阻，一般小于20mΩ。根据欧姆定律，回路接通的瞬间电流 $I = (U_B - U_C)/R = 300/0.02 = 15000(A)$。可想而知，这么大的瞬间电流必将导致继电器 K_1 和 K_3 毁坏。

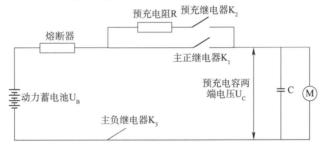

图2-33　预充回路

在高压电路中加入预充电阻 R 和预充继电器 K_2，上电时，预充继电器 K_2 与主负继电器 K_3 闭合，预充电路开始工作，通过预充电阻对充电电流的大小进行限制，负载电容 C 上的电压逐渐升高，当接近动力蓄电池额定电压时（通常为80%～100%），切断预充继电器 K_2，然后接通主正继电器 K_1，这样就不会再有大电流冲击。因为 $U_B - U_C$ 的值很小，所以电流很小。

电动汽车中高压电路中有两处用到预充电阻，分别是电机控制器预充回路、高压附件预充回路。电机控制器（逆变电路）中有较大的电容，所以需要进行预充，控制电容充电电流。高压附件中一般还有 DC—DC（直流转换器）、OBC（车载充电机）、PDU（高压配电盒）、油泵、水泵、AC（空调压缩机）等零部件，零部件内部也会有大电容，所以也需要进行预充。

6. 手动维修开关（MSD）

手动维修开关（图2-34）是为了在高压环境下保护维修电动汽车的技术人员安全，或应对某些突发的事件时，可以快速分离高压电路的连接，使维修等工作处于一种较为安全状态的保护装置。

图 2-34 手动维修开关结构图

二、热管理系统

在电动汽车使用过程中,续航里程的长短主要受制于动力蓄电池的特性,使用环境的温度对锂电池电性能的影响比较明显。

在低温环境下,电池系统的可用能量会出现严重的衰减,如果长期在低温环境下使用会加速电池的老化,从而缩短使用寿命。当电动汽车在 -10℃ 环境下使用时,动力蓄电池的工作电压和容量会明显降低;在 -30℃ 时,电池容量会骤降,仅仅是常温状态下容量的一半左右。在低温环境下充电时,电池负极表面易堆积形成锂枝晶,锂枝晶容易刺穿电池隔膜,造成电池内部短路,对电池造成永久性损伤,甚至会引发电池热失控,造成安全事故。

在高温环境下,由于电池材料的特性影响,其自放电率较高,从而影响电动汽车的续航里程。随着温度升高,电池内部的化学反应速度加快,其性能退化速度也将加快,影响动力蓄电池的循环寿命。电池充电或放电的实质就是一个化学反应过程,在这个过程中会产生热量,热量的堆积使电池的工作温度升高,有可能会引起安全事故。

为了保证电池的循环寿命,确保使用过程的安全,对电池工作状态下的温度管理是很有必要的。

电池热管理系统是通过导热介质、测控单元、温控设备等构成的闭环调节系统,通过物理方式调节动力蓄电池的工作温度,使其处于最佳工作状态,从而保证电池系统的充放电性能、安全性能和使用寿命。热管理系统有加热和冷却两种模式。

1. 加热

在过低温度下对电池进行充电,往往达不到电池的额定容量,直接影响车辆的续航里程。为提高动力蓄电池的低温性能,需要对其进行加热。

加热过程依托热管理技术,通过在动力蓄电池包或动力蓄电池模块外部添加高温传导介质的方式来实现热量由外向内的热传导。以热传导介质分类,可分为高温气体加热、高温液体加热、加热板加热和相变材料加热等方式。

(1)高温气体加热是以空气为介质,采用强制空气对流的方式,即通过外加风扇等装置将热空气送入动力蓄电池包内,与动力蓄电池进行热交换。热空气可由加热片产生,也可利用驱动电机散发出来的热量。

(2)高温液体加热方式与高温气体加热的方式类似,是以液体为介质,通过相应管路穿过动力蓄电池模块,从而达到加热动力蓄电池组的目的。

(3)加热板的方式是在动力蓄电池包表面布置加热板,加热时对加热板进行通电,加热板的一部分热量通过电池包外表面直接传导给电池。加热板的加热时间较长,传导给电池的热量不均匀。

(4)相变材料加热是利用材料的相变机理给电池加热的一种方式。相变材料具有在一定温度范围内改变其物理状态的能力。以固—液相变为例,在加热到熔化温度时,就产生从固态到液态的相变,熔化的过程中,相变材料吸收并储存大量的潜热;当相变材料冷却时,储存的热量在一定的温度范围内要散发到环境中去,进行从液态到固态的逆相变。利用相变材料作为动力蓄电池加热源时,把电池组浸在相变材料中,相变材料吸收电池工作时放出的热量,热量储存在相变材料中,在低温环境下,相变材料通过从液态转变为固态过程中释放存储的热量,从而实现对动力蓄电池进行加热和保温。

2. 冷却

动力蓄电池在工作过程中,会产生较高的热量,使得电池包内部温度升高,从而加速电池衰减,缩短电池寿命,甚至引起热失控而导致安全事故。电芯的最佳工作温度是20～30℃,电池包内部的温度差要控制在5℃以内。为了保障电池的性能,动力蓄电池包都要考虑冷却的方式,市面上的冷却系统主要有风冷和液冷两种方式。

(1)风冷。风冷是以低温空气为介质,通过空气的加速流动,为电池降温的散热方式。风冷分为自然冷却和强制冷却,自然冷却是通过车辆行驶产生与空气的对流,从而给电池包降温的方式。强制冷却是在电池包一端加装散热风扇,另一端留出通风孔,使低温空气在电芯的缝隙间加速流动,带走电芯工作时所产生热量的降温方式,如图2-35所示。

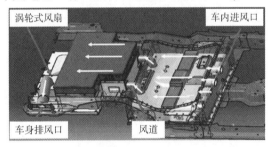

图2-35 强制风冷

(2)液冷。液体冷却技术是通过液体对流换热,将电池产生的热量带走,降低电池温度。液冷是通过制冷剂回路降低冷却液温度,然后通过水泵将冷却液带到电池内部管路,通过冷却液的流动而带走电池的热量,如图2-36、图2-37所示。

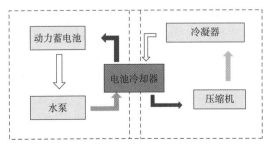

图2-36 液冷示意图

图2-37 液冷内部流道示意图

三、机械结构

电池包机械结构系统由上盖与下壳体两部分组成,主要作用是容纳和保护电池组,其结构必须保证在保留最大的容纳空间基础上满足安全要求。

为保障电池的性能及安全,电池包的机械结构需要满足以下方面的要求。

1. 绝缘与防水

(1)为了保证安全,电池箱必须有效搭铁,在动力蓄电池系统的整个寿命周期内,箱体与电池间的绝缘电阻值必须大于 $100\Omega/V$。

(2)为了防止击穿放电,电池裸露的带电部位与电池箱的最小距离必须大于 10mm。

(3)电池箱内部必须涂覆绝缘漆。

(4)电池箱的散热通风口和电缆连接线必须布置在电池箱 2/3 高度以上。

2. 通风与散热

动力蓄电池在充电和放电的过程中有可能释放易燃有毒的气体,为了防止爆炸、起火或有毒物质对人体的危害。

(1)电池箱的任何地方不得有潜在危险气体的聚集。

(2)电池箱的通风通道周围不能存在火花源。

(3)电池箱内部通过导流方式引导内部气流流向,保证电池均匀散热。

3. 碰撞防护

(1)如果电池包安装在乘客舱的外部,在任何情况下,电池包不得穿入乘客舱内。

(2)发生碰撞时,电池模组或其部件不能由于碰撞而从电池箱内部散落。

(3)发生碰撞时,电池包无泄漏、外壳破裂、着火或爆炸等现象。

4. 轻量化

动力蓄电池系统在整车质量中占了很大的比重,且电池包设计中既要考虑密封、防水、防尘、防腐蚀、又要绝缘,还要考虑电池包的散热和静电屏蔽,因此壳体材料的选择和轻量化就显得尤为重要。为了避免锂电池在受到外力碰撞、挤压时损坏,大多数电动汽车的电池包壳体使用传统冷轧钢板或铝合金材料,虽然在一定程度上保证了安全性,但使得电池系统重量增大、耗电量增加、续航减少。随着汽车轻量化技术的发展,电池包壳体逐步开始采用玻纤增强复合材料、SMC(Sheet Molding Compound)材料、碳纤增强复合材料等轻量化材料。SMC 具有优异的轻量化效果,且价格低、耐腐蚀性好、绝缘性好,是目前应用比较广泛的电池包壳体轻量化替代材料。

SMC 材料与传统金属材料相比,有以下几个优点:

(1)高比强度,高比模量。SMC 相对密度为 $1.7\sim1.9g/cm^3$,代替金属材料有明显的减重效果。

(2)SMC 制品的可设计性强,通过优化结构可整体成型,减少二次装配。

(3)热膨胀系数低,尺寸稳定。

(4)耐腐蚀,SMC 的耐电解液、耐酸、耐碱性比金属材料如钢、铝要好得多,永不会生锈。

(5)减振性好,耐冲击,共振小。

(6)绝缘性能优于金属材料。

四、电池包装配

电池包装配是指将电池包壳体、BMS、电池模组、热管理系统、温度采集装置、高压配电装置、高低压线缆等按照一定的工艺流程组装成动力蓄电池系统的过程。装配工艺主要由附件装配、模组安装、检测、包装等工艺组成。

1. 附件装配阶段的工艺流程

箱体检查→箱体入料→箱体贴隔热垫→热管理系统→霍尔和熔断器等元件固定→BMS固定→航插及正负极连接器固定→透气阀安装→防爆阀安装。

箱体检查主要是外观检查,要求箱体干净整洁,无划伤、变形、裂纹等缺陷。检查合格后将箱体放置在生产流水线上,流入下一工序进行隔热垫的粘贴。隔热垫的材料必须满足阻燃、导热系数低、绝缘、隔振、耐受高温和低温、环保、轻便等要求。隔热垫粘贴要平整、牢固。热管理系统安装主要是冷却管路的安装,管路连接处要密封可靠,整体走向顺畅。后续工序按照作业指导书对熔断器、BMS、透气阀等元器件进行安装,螺纹连接处的扭力要满足工艺要求。

2. 模组安装阶段的工艺流程

模组入箱→模组固定→高低压线束安装→铜排固定→线路走向规范及固定。

将模组装入箱体中,按照工艺设计要求将其固定在箱体上,考虑到高压安全问题,模组固定时必须使用绝缘工具。然后进行高低压线束的安装及固定。高压线束承载电流的输入与输出,低压线束负责信号指令在各控制单元间的传输。线束走向要顺畅、整齐,避免经过尖角,接插件要牢固可靠。

3. 检测阶段的工艺流程

动力蓄电池在交付之前能否保证优质的产品性能,离不开电池检测工艺在其中起到的作用。动力蓄电池包EOL测试(成品下线检测)是通过专用检测设备对电池各方面性能进行检测,检测内容包括:BMS功能测试、CAN通信测试、电压一致性检测、温度检测、电压电流采集精度检测、绝缘耐压测试等。

4. 包装阶段的工艺流程

密封处理→上下箱体合箱→气密性测试→铭牌标签固定→质量检验→入库。

动力蓄电池在整车上的安装位置要重点考虑以下因素。

(1)对整车安全性能的影响,尤其是在发生碰撞、翻滚等特殊情况下,电池包不能进入乘客舱,避免引起附加伤害。

(2)由于电池包的重量较重,给整车带来很大的静态载荷和动态载荷,长时间振动、冲击条件下,很容易引起整车机械部分的疲劳损伤。

(3)要充分考虑电池包的散热条件,电池包在工作过程中会产生大量的热量,如果外部散热条件不理想,会引起电池包的寿命衰减。

(4)不合理的安装位置会影响到整车的载荷分布和重心,进而影响整车的操控性和舒适性。

(5)要便于维修操作或更换。

鉴于上述因素,目前动力蓄电池在整车上的安装位置大多在底盘下方,电池包外壳暴露在外部环境中,对防尘、防水有很高的要求,最起码要达到 IP67 的防护等级,这就要求电池包在上下箱合箱之前必须进行密封处理。

电池包的使用环境比较复杂,对于密封材料的要求主要有回弹性能好、压缩后永久变形、耐候性及高低温特性良好。市场上主流的密封类型有密封胶密封、泡棉胶带密封、密封圈密封。

电池包上下壳体经过密封处理后进行合箱并紧固,之后流转到气密性测试工序。气密性测试方法有水检法和空气压力测试法。水检法是将电池包完全浸入到水槽里,浸泡一定时间后取出电池包并打开上壳体,目视检查是否有液体渗入到电池包内部的一种检测方法。由于水检法必须打开壳体才能检测,是一种有损检测,并且效率非常慢,所以用得很少。电池包生产厂家主流的气密性测试方法还是空气压力测试法,该方法是在电池包上找一个端口作为充气孔,通常情况下选择防爆阀或泄压阀作为充气口进行测试,然后气密性测试仪对着充气口进行充气,经过稳压、测试、排气几个阶段,得到电池包的空气泄漏率,从而判定电池包气密性。

气密性测试合格后,在电池包箱体上粘贴铭牌并进行整体外观检查,符合质量要求的进入库房存储待用。

思考与练习

1. 圆柱电芯由哪些结构组成?各结构在电芯中起什么作用?
2. 涂布工艺参数对锂离子电池性能有什么影响?
3. 极片分切有哪些常见的质量缺陷?
4. 极片辊压的目的是什么?
5. 什么是电芯的化成?
6. 电芯为什么要分容?
7. 电池模组由哪些结构组成?
8. 根据焊接设备的分类,模组焊接分为哪些方法?
9. 模组下线测试的主要项目有哪些?
10. 电池系统由哪些分系统组成?
11. 描述电池系统充放电的逻辑。
12. 电池包热管理系统的作用是什么?
13. 为保障电池的性能及安全,电池包的机械结构需要满足哪些要求?
14. 案例分析:2012 年 5 月 26 日凌晨,在广东省深圳市,一辆跑车高速撞上了同方向行驶的出租车,该出租车为某品牌纯电动汽车,撞击后出租车起火燃烧,导致一名出租车驾驶人和两名乘客被困火中当场死亡。根据案例并结合所学知识进行分析,上述出租车在碰撞后有哪些因素可能会导致车辆起火。

项目三 电动汽车动力蓄电池管理系统

任务一 电池管理系统组成结构及工作原理

> **任务要求**
>
> 通过本任务的学习,你应能:
> (1)阐述电动汽车动力蓄电池管理系统基本组成结构;
> (2)正确描述电池管理系统基本功能;
> (3)正确描述动力蓄电池管理系统分类及特点。

 相关知识

一、电池管理系统概述

动力蓄电池是纯电动汽车的核心部件。纯电动汽车三电系统指的是电池系统、电机系统、电控系统,动力蓄电池是电动汽车最重要、价格最昂贵的总成,采购成本占到整车总成本的70%以上。目前绝大多数电动汽车动力蓄电池采用的是锂电池,锂电池的显著优点是具有较高的能量密度和功率密度,故广泛使用在纯电动汽车车型上,例如比亚迪唐、秦、汉系列,北汽某车型,小鹏P7,岚图,理想ONE,长安奔奔mini等。但是,在没有保护的情况下,锂电池存在容易发生过充电、过放电及过热等现象,这对电池组的使用性能和安全性有很大的影响,甚至可能导致动力蓄电池爆炸燃烧等现象。因此,对锂电池进行有效管理,监控电池的运行状态,对于维护电池组安全高效、长时间稳定工作、延长电池使用寿命有着重要意义。锂电池在电池管理系统(图3-1)的控制下,才能满足各个高压设备供电需求,从而满足汽车各个工况驾驶需求,电池管理系统在电动汽车动力输出与保证车辆正常行驶方面起着决定性作用。

二、电池管理系统的组成

电池管理系统(BMS)硬件系统结构如图3-2所示。BMS的核心部分是微控制器(MCU),它能够根据状态信号采集模块所获得的电池物理量,按照一定控制策略执行不同的功能，例如安全管理、热管理、能量管理、信息显示等。其中，MCU 包括复位电路、晶振电路等，是整个系统的核心控制部分；均衡模块是由均衡芯片和均衡电路组成，是电池实现均衡充放电的保证；通信模块包括 SPI 通信、CAN 通信和串口通信，主要实现各功能模块之间的数据通信；测量模块则实现了对电流、电压和温度的测量；保护模块实现对短路、过压和过流的保护。电源模块为 MCU 提供 5V 或 15V 的稳定电压。

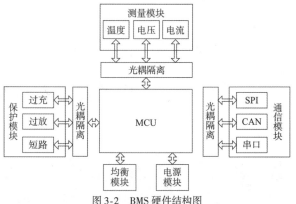

图 3-1　电池管理系统和动力蓄电池总成　　　　图 3-2　BMS 硬件结构图

三、电池管理系统的分类

BMS 按照单体电池或者电池模组的控制方式可分为集中式和分布式。

市面上的部分车型由于动力蓄电池模组数量较少，电池管理系统将主板、电池参数检测模块以及绝缘检测模块集成在一个板子上，这种控制方式称为集中式电池管理系统，如图 3-3 所示。采用这种拓扑的电池管理系统成本相对较低，线束比较简单。

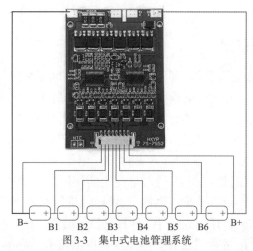

图 3-3　集中式电池管理系统

电池模组数量较多、动力蓄电池规格较高的电动汽车上一般采用分布式电池管理系统，即在每个电池模组上拥有一个独立控制模块，这个控制模块将电池参数检测模块、绝缘检测模块集成在一起，组成 BMC 模块，如图 3-4 所示。BMC 之间通过 CAN 总线或者芯片差分连接，主要连接方式有星形、菊花形和总线形三种。其中总线形应用较为广泛，它灵活性好、拓展性好，通过电池模块自由组合，可充分利用空间，得到不同的电压与电流组合，它可以减少控制模块与采样传感器之间的线路,采集精度高,抗干扰更好,但是成本偏高。特斯拉动力蓄电池连接方式采用的是分布式,其由 15 块动力蓄电池模组组成,每个模组都带有一个独立的电池参数检测模块和绝缘电阻检测模块,这两个模块集成在电池模组旁侧主控制板上,这个主控制板与 BMS 总控制板及其他动力蓄电池模组控制模块进行通信,交换电池模组各种参数数据。

图 3-4　分布式电池管理系统

四、电池管理系统的基本工作原理

BMS 的基本工作原理如图 3-5 所示,其通过采集模块(电流、电压、温度传感器)采集单体电池的物理参数,并把这些物理参数传输到 MCU,MCU 按照一定的控制策略或算法,实现对动力蓄电池的热管理、安全管理、能量管理、均衡管理以及故障诊断等功能,其中热管理与均衡管理是电池管理系统的主要功能。

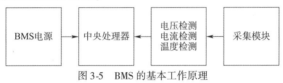

图 3-5　BMS 的基本工作原理

任务二　电池管理系统的主要功能

> **任务要求**
>
> 通过本任务的学习,你应能:
> (1)掌握电动汽车动力蓄电池管理系统电压检测、电流检测、温度检测的原理及方法;
> (2)正确描述电池管理系统均衡管理、热管理的作用;
> (3)正确描述 SOC 估值算法的优缺点;
> (4)正确描述 CAN 的通信标准、定义与特点;
> (5)理解和描述总线报文的含义。

BMS 的主要功能有电池状态监测、电池状态分析、电池安全保护、能量控制管理、电池信息管理等,如图 3-6 所示。

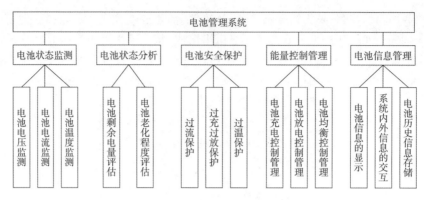

图 3-6　BMS 的主要功能

一、电池状态监测

电池状态监测是 BMS 的基本功能之一，它对保持动力蓄电池正常工作、延长动力蓄电池寿命、保证动力蓄电池安全使用起着重要作用。电池状态监测通常情况下是指对动力蓄电池的电压、电流、单体温度这三个指标的监测，并计算 SOC 值。

1. 电压监测

电池电压监测是对电池总电压和单体电池电压的监测。监测模块分布在电池包内部，它利用传感器测量每一节电池的电压，并且能够监测电池内部的温度。因为单体电池通常采用串联或并联连接方式，若某节单体电池性能变坏，例如欠压、过压，将对整个动力蓄电池性能造成极大的影响，极大降低或升高电池总的输出电压，因此，使用电压监测电路对每一节单体电池的电压都进行监测，一方面监测电池的健康状态，另一方面在电池出现异常的时候能够及时监测到，并采取相应的处理措施。目前电压监测主要方法有：电阻法、霍尔元件、专用芯片。

随着电动汽车的普及，汽车芯片厂商相继推出 BMS 专用芯片，如 Linear 公司推出的 LTC6802，不仅可以对 12 节电池的锂离子电池组进行总电压的测量，还可以同时测量单体电池电压值，极大降低了电压监测的复杂度。该芯片的典型应用电路如图 3-7 所示。

2. 电流监测

相对于电压监测而言，电流监测具有以下特点：

（1）电流的采样点较少。在动力蓄电池组内部，若电池包由多个单体电池或模组串联组成，所以电池的工作电流相同，只需检测总电流即可，而电压采样点与温度采样点较多。

（2）电流的采样频率高。电流的采样频率对剩余电量的估算精度及系统安全性有着重要的影响，因此，比其他物理量的采样频率高得多。

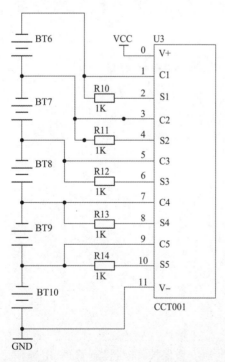

图 3-7　LTC6802 芯片电压测量的应用

(3)电流采样精度、抗干扰能力、零漂、温漂和线性度误差的要求高。若 SOC 采用安时法估算,电流是估计 SOC 的重要参数,因此,对电流采样精度要求高,目前常采用的方法有霍尔电流传感器和电阻法两种。通过实践证明,霍尔电流传感器更具优越性,而电阻法的电路结构复杂,容易受到其他电信号的干扰。霍尔传感器具有光电隔离特性,不易受其他电信号干扰,电路连接简单方便、安全。在许多电动汽车采用 LT308-S6(LEM)霍尔电流传感器对动力蓄电池电流进行监测,它的测量范围为 0 ~ 300A,精度为 0.5%,工作温度为 -10℃ ~ 70℃。它的电流监测原理如图 3-8 所示。

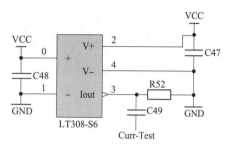

图 3-8 霍尔电流传感器电流监测原理

3. 温度监测

温度值不仅是影响动力蓄电池使用寿命的重要因素之一,而且是对电池进行热管理的核心数据,动力蓄电池不会因为局部过充、过放引起热失衡,导致汽车燃烧、爆炸等恶性事件。通过热管理使电池内部的化学反应始终在合适的温度下进行,才能放出较多的电荷。另外,在进行 SOC 估算时,若温度差异较大,将会导致较大的估算误差。其次,电池的物理状态受其内部温度与环境温度的影响很大。温度过高,可能会导致电池外壳破裂,从而发生漏液或爆炸等事故;温度过低,可能导致电解溶液聚拢凝固,影响电池的充电或放电。

在温度监测电路的设计中,常用的温度测量方法有两种。一是数字式温度器件,由于电池包内需要多点测量,每个温度传感器分布点与控制模块走线较长,这就对总线的抗干扰能力要求较高。二是采用模拟信号测量,如热敏电阻传感器,它是一种热敏性半导体电阻器,其电阻值随温度的升高而降低。

采用第一种测量方式,测量方式简单,线路简单,直接输出数字信号,通常采用的是 DALLAS 公司生产的 DS18B20 数字式温度传感器,如图 3-9 所示。

DS18B20 数字式温度传感器体积小,线路连接简单,直接输出数字信号,它通常采用的 LIN 总线通信方式,可将采集到的电池温度值及时发送到单体电池或模组的控制模块。

采用 DS18B20 数字式温度传感器进行温度测量的电路如图 3-10 所示。

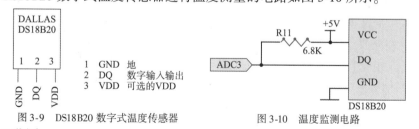

图 3-9 DS18B20 数字式温度传感器　　图 3-10 温度监测电路

4. SOC 监测

为了给驾驶人提供相对准确的剩余电量作为参考,电池管理系统需要将采集到的实时数据进行计算得出相应的剩余电量值,并通过总线传递给整车控制器,显示在组合仪表上,如图 3-11 所示。

二、电池状态分析

动力蓄电池的主要性能指标包括电池剩余容量(SOC)、电池循环寿命(SOH)。

图 3-11　SOC 显示

SOC 反映当前汽车还剩下多少电量,类似传统汽车上的燃油表,SOC 是指在指定的放电倍率下,电池剩余电量与等同条件下额定容量的比值。当电池剩余容量为 CO,电池总容量为 CE,则

$$SOC = \frac{CO}{CE} \times 100\%$$

SOH 反映电池的健康状态,表征电池的使用寿命,SOH 值越低,表明汽车储存电量的能力越弱,续驶里程越短。

$$SOH = \frac{放出容量}{额定容量} \times 100\%$$

按照 IEEE1188—1996 标准,当电池使用一段时间后,电池充满电时的容量低于电池额定容量 80% 后,电池就应该被更换。

目前电池组 SOC 估算算法种类繁多,而每种方法都有其特点以及适用条件,要根据实际设计条件,找出最合适的方法。目前常见的估算方法有以下几种。

1. 放电实验法

放电实验法是比较准确估算电池剩余电量的方法,这种方法采用恒流式连续放电,放出的电量就是放电过程中电流和时间的乘积。放电实验法使用专门的电池充放电设备,对电池进行恒定的充放电,其通用性很强。但是这种方法的整个过程非常缓慢,并且只能对单体电池进行单一的测试,无法对动态的电池进行测量。

2. 安时计量法

安时计量法是电流积分法,是估算 SOC 最常见的方法,其计算方法为:

$$SOC = SOC_0 - \frac{1}{Q_0}\int_0^t \eta I(t)\,\mathrm{d}t$$

式中:SOC_0——电池电荷状态的初始电量值;

　　　Q_0——电池的额定容量;

　　　$I(t)$——电池在 t 时刻的充放电电流;

　　　t——充放电的时间;

　　　η——充放电效率系数,又被称作库伦效率系数,代表了充放电过程中电池内部的电量耗散,一般以充电放电的倍率和温度修正系数为主。

$I(t)$ 是测量所得的值,测量中存在的误差和噪声干扰的累加会严重影响 SOC 的估算计算精度。安时法本身无法计算 SOC_0,若采用上次电池充放电后保留的 SOC 值作为下次计算的初始值,则误差比较大。而且安时法本身没有考虑电池充放电倍率及温度因素对容量的影响,当工况电流处于波动较大的情况下,SOC 的估算误差比较大。故在实际的应用中,一般采用安时法和其他的算法结合来估算 SOC。

3. 开路电压法

电池在较长时间处于静置状态时,其开路电压(OCV)与其电动势数值相等。由于电池电动势与 SOC 呈近似的线性关系,当 OVC 与电动势值相等时,可以得到 OCV 与 SOC 之间的对应关系。SOC—OCV 之间的关系采用电池放电实验建立,可以根据开路电压通过查询

SOC—OCV关系得到电池对应的SOC值。开路电压法得到SOC—OCV关系精度较高,特别是在锂离子电池充放电的初、末期。实验证实在新旧锂离子电池上的SOC—OCV函数图形有着较高的重合性,不同电池间SOC—OCV关系移植性较好。因为OVC的测量值受温度影响较大,所以采用开路电压法计算时要考虑外界环境因素的影响。开路电压法在实现SOC的实时在线估算中有一些不足,即开路电压测量之前需要通过静置一段时间去消除自恢复效应对电池电压、容量等性能参数的影响。所以开路电压法只能适用于电池的非工作状态,而不能实现对电池实时在线估算SOC值,一般在算法联合使用中为其他估算方法提供SOC初始值。

在电池容量中期开路电压随SOC变化不明显。而在锂离子电池放电的前期和末期,由开路电压测量值可依据SOC—OCV对应关系得到的SOC值的精确度会相对较高。

4. 内阻测量法

内阻测量法是利用在不同频率下的交流电激励电池,从而测量出电池的交流电阻,并通过模型得到剩余电量的估计值。内阻测量法测量获得的SOC反映了电池在恒流放电条件下的剩余电量值。由于电池剩余电量与电池内阻没有相应的线性关系,无法建立一个准确的数字模型。目前很少使用在电动汽车电池的SOC估算。

5. 卡尔曼滤波法

卡尔曼滤波法是基于安时积分法的一种更加精确的算法。卡尔曼滤波法也是一个计算电池组动态下SOC的方法,通过系统的输入量以及输出量,建立非线性的数学模型,并通过计算将其线性化。但该系统由于需要对协方差矩阵进行大量的数据运算,所以对MCU的运算能力有较强的要求,以免出现由计算缓慢导致的数据偏差。

6. 神经网络法

神经网络法是非线性的,这种算法外部输入就会给出对应的输出,根据这些输入输出可以分析出电池组工作状态下的特性,常常用来预估剩余电量。预估SOC的神经网络层主要分为3层:输入层、输出层和中间层;估算SOC需要大量的变量数据来进行神经网络算法的估算,并且这些变量决定着该算法的精度及其可靠性。由于神经网络法太过于依赖输入的变量,也就可能导致出现较大的误差。

三、安全功能

1. 过度充电保护

过度充电会使电池内部结构的损坏及使用寿命的缩短,加剧电池内部电解液的化学反应,使反应产生气体并会造成电池内部压力陡增,易造成电池外壳膨胀、变形,甚至引发爆炸。过充电保护机制是电池模组内某个电芯在充电过程中电压值超出了设定的最高电压,同时充电时间超过设定的时间范围,则立即断开充电电路,启动保护功能。

2. 过度放电保护

电池过度放电会导致电池组内部的活性物质容量急剧减少,使电池的性能大大降低。过度放电保护机制是电池模组内某个电芯在放电过程中电压值超出了设定的最低电压,且放电时间超过了设定的时间要求,则立即启动保护功能,断开放电电路,停止电池组放电。

3. 过流保护

当电池组的放电电流或充电电流超出设定最高或最低值,必须立刻断开放电电路或充电电路,启动保护功能,停止电池组当前的动作,同时传送信号给主系统,保持设定时间后自动释放。

4. 温度保护

为防止某个单体电芯局部过热,降低动力蓄电池的性能,电池管理系统需要进行大量的数据采集,并且对动力蓄电池整体布置结构进行温度监测。当监测到某个单体电芯的温度超过预设的阈值,必须立刻断开放电电路或充电电路,启动保护功能,停止电池组当前的动作,将其改为高温保护状态,同时传送信号给主系统。当判断其温度恢复,并且持续时间超过预设时间,主系统将下发解锁指令。

5. 短路保护

短路后会马上启动保护功能动作,断开放电电路或充电电路,并锁定为短路状态,并传递信号给主系统,并分析具体的短路原因以进行人工处理。

四、能量管理

能量管理包括充电、放电和均衡三部分。

充电过程能量管理的目的是在不对电池造成伤害的情况下,尽可能多充电。主要是通过对充电电流进行控制,逐步调低充电电流,此外还包括快充、慢充等技术的应用。

放电过程能量管理的目的和充电过程能量管理类似,即是在不对电池造成伤害的情况下,尽可能地多放电。主要是调低最大的输出功率,限制汽车运行速度,以尽可能小的电流放电。

均衡能量管理包括并联电池之间的均衡和串联电池之间的均衡两部分。电池的差异性总是存在的,若长期不进行均衡控制,日积月累,电池不均衡现象会越来越严重,根据"木桶原理"汽车的总体容量大幅缩水,因此必须进行均衡控制。

五、信息处理

BMS 对采集的数据进行处理后,需要将不同的信息应用到不同的地方,比如要将 SOC、最高最低电压、工作电流以及电池温度等信息通过仪表板显示出来,如图 3-12 所示。为了提高 SOC 和 SOH 的估算精度,还需要保存电池的历史信息,比如每一次的充电电量、估算的 SOC 和故障等信息。

图 3-12 BMS 采集信息在组合仪表显示

六、热管理功能

BMS 具有热管理的功能,能够准确测量与监控电池的温度。当电池温度超过最高限定时,启动电池的冷却系统进行有效散热;在冬天温度较低的时候,快速启动电池加热系统;当电池生化反应产生大量有害气体,可以快速启动通风系统,迅速地排除有害气体;同时,还可以监视电池的温度,保持电池温度场均匀。

电动汽车动力蓄电池管理系统　项目三

七、自我诊断

在初始化过程中,会对整车各个控制模块进行自我检测与诊断,发现故障及时上报故障信息,根据故障等级不同,采取不同措施。故障等级为一级(严重故障)时,直接切断动力蓄电池高压输出,同时监测电池内部温度传感器和电压传感器工作情况,一旦发现传感器故障,直接上报给 VCU 或诊断仪,储存传感器发生故障的故障代码,便于诊断仪读取故障信息。

八、均衡功能

电池在加工过程中,由于工艺和材料的先天因素,以及电池在后期使用过程中每个电池所处的温度、湿度等环境的细微区别,电池包内部的电池单体在使用过程中会逐渐形成一定 SOC 差异,单体电池电压会出现不一致的现象,这种不一致性会导致动力蓄电池整体性能变差,会出现电池总电压值降低、续航里程减少,甚至会出现局部过热的现象。

假设电池包中某个单体电池的 SOC 明显高于其他单体电池,在充电过程中这个单体电池会率先充满,导致其他单体还没达到额定容量的时候就停止充电了;同理假设某节电池的 SOC 低于其他单体,则在放电过程中会首先达到放电的截止电压,从而导致其他单体还有剩余容量没有方法进行释放。所以有效的电池均衡不仅能够提高电池包的有效容量,也有效避免单体电池过充、过放等现象。均衡电路在设计上有多种实现方式,从对能量的消耗程度上分为耗散型均衡和非耗散型均衡,通常情况下也将这两种均衡方式称作被动均衡和主动均衡。

1. 被动均衡

被动均衡结构简单,实现较为容易,通常在每个单体电池并联一个功率型的电阻,并在这个电阻上串联一个 MOSFET 管,当 BMS 检测到某节电池单体的电压超过其他单体时,则打开 MOSFET 将电池的电量通过该功率电阻释放掉。电阻式均衡的优点是硬件实现方案简单、成本低。特斯拉、宁德时代等采用的电池组都采用这种均衡方式。当然这种方式的缺点也较为明显,它是通过消耗多余的电量来实现均衡,并且将电能转化为热能,不仅降低了能量的使用效率,也对 BMS 的 PCB 热管理提出了严峻的挑战。

2. 主动均衡

主动均衡硬件电路的实现和控制方面复杂,但是却极大地提高了电池电能的利用率,目前较为常用的、均衡速度也更快的一种主动均衡是反激变换器均衡法,即在每个单体电池上并联一个电容,并放置一个转换开关。简单地讲,就是当 BMS 找到 SOC 值较高的单体电池,利用并联电容及转换开关,将 SOC 值较高单体电池的电量转移到 SOC 值较低单体电池上去,最终获得整车电池单体电压一致性,这种方案优点是提高能量的利用率。缺点是成本较高。

九、通信功能

电池管理系统模块具备 CAN 通信模块,它能够将实时采集电池的状态信息与 VCU、车载充电机、充电桩进行数据及命令的交换,能够让 VCU 实现对高压上电、下电、爬坡、加速等工况进行控制,一旦动力蓄电池出现异常情况,及时切断动力蓄电池高压电的输出,并让组合仪表发出报警提示,电动汽车 VCU 与 BMS 利用 CAN 网络协同工作,实现整车上下电控制、动力蓄电池快慢充电等功能,同时通过故障诊断仪可实现动力蓄电池故障诊断,CAN 网络作为信息及控制命令传输通道,对电动汽车顺利运行起着至关重要的作用,若电池管理器 CAN 网络发生故障,将导致动力蓄电池状态数据无法及时传送给 VCU,VCU 无法对电池状态进行正确判断,通常会认为动力蓄电池发生严重故障,切断整车高压电的输出,整车无法正常工作。

随着新能源汽车控制器数量急剧增加,例如 VCU、BMS、MCU、DC—DC 等之间需要实时交换大量数据和信息,采用硬线传递模拟信号不能满足新整车控制功能的实时需求,采用计算机 CAN 总线技术汽车网络应运而生,因其价格低廉、技术成熟、性能稳定的优点已在汽车领域广泛应用,是汽车控制器之间最主要信息交换方式。

(1)CAN 总线基本组成。

CAN 总线由多个控制单元和两条数据线组成,这些控制单元通过收发器(发射-接收放大器)并联在总线导线上。CAN 总线系统采用双绞线进行数据传输。这两根导线中,一根称为 CAN-High 导线,另一根导线称为 CAN-Low 导线,如图 3-13 所示。在双绞线上,信号是按相反相位传输的,这样可有效抑制外部干扰。

图 3-13 CAN 总线组成

(2)CAN 通信的特点。

总线上的信息以固定格式但长度有限的消息发送(见数据帧结构)。当总线空闲时,任何已连接的单元都可以启动新消息的传输。

①信息路由:在 CAN 系统中,CAN 节点不使用网络地址,没有路由表生成。

②系统灵活性:节点加入 CAN 网络时不需要任何节点的软件和硬件,以及应用层的改变。

③消息路由:消息内容由标识符命名。标识符并不指示消息的目的地,但描述了数据的含义,因此,网络中的所有节点都能通过消息过滤来决定数据对它们是否起作用。

④多播:作为消息过滤概念的结果,任何数量节点都能接收并对同一消息同时产生行为。

⑤数据一致性:在 CAN 网络中,要保证一个消息要么同时被所有节点接收,要么无节点接收。因此,一个系统的数据一致性通过多播和错误处理的概念来实现。

(3)CAN 数据帧的结构。

①CAN 的标准。

按照帧的标识符场长度不同,将带 11 位标识符的帧称为标准帧,而带 29 位标识符的帧是扩展帧。这种采用 29 位标识符的帧格式的通信协议,我们称为 CAN20.B,采用 11 位标识符的帧格式的通信协议,我们称为 CAN1.0。

②帧类型。

消息传输由四种不同帧类型显示和控制:

a. 数据帧:携带数据从发送器至接收器;

b. 远程帧:由总线单元发送,请求使用相同的标识符传输数据帧;

c. 错误帧:当检测到总线错误时,可由任意单元传送;

d. 过载帧:用来在前后两个数据或远程帧之间,提供一个额外延迟。

(4) 数据帧的格式。

各个控制器进行数据交换时候,通常使用基于 ISO11898-1 标准的数据帧。数据帧的格式是标准的,固定不变,就像英语语法与时态规则,数据帧中数据场则像句子的内容。汽车的通信协议就是按照 ISO11898-1 标准定义数据帧的内容,是整车各类数据帧的集合,通常用 EXCEL 表示。

数据帧由 7 种不同的位场组成:帧起始、仲裁场、控制场、数据场、CRC 场、确认场、帧结束,数据场长度可以为 0。数据帧格式如图 3-14 所示。

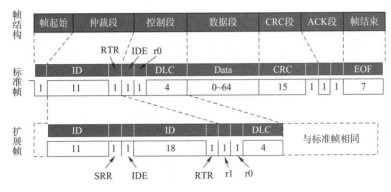

图 3-14 数据帧格式

帧起始(SOF,标准格式及扩展格式):1 个显性位,标记数据帧和远程帧的开始。仅当总线空闲时才允许站开始传输。

仲裁场:作用是在总线同时发出报文数据时,按位比较哪个报文发送先进行,优先级高的报文优先发送,优先级低的报文退出发送,一般原则是显性位先发送,隐性位的报文退出。就像竞技比赛中裁判一样,判定谁领先谁落后,它有标准格式与扩展格式两种格式。

标准格式由 11 位标识符和 RTR 位组成,标识符位置标识为 ID18~ID28;扩展格式由 29 位标识符和 SRR 位、IDE 位和 RTR 位组成,标识符位置标识为 ID0~ID28。标识符(标准格式):长 11 位,与扩展格式的基本 ID 一致。

数据场:数据场包含 8 个字节,如图 3-15 所示,这 8 个字节按照两种方式发送 intel(由低位到高位)或者 Motorola(由高位到低位),通常包含 VCU、BMS、DC—DC 之间需要传输的各种数据,例如:电池温度、电压值、电流值、SOC 值及车速等重要信息。在电动汽车或者相关控制器功能出现异常的情况,需要利用诊断仪从 CAN 卡读出数据场的报文数据,检测其发送数据值与设定的数据是否一致,这是电动汽车故障检测重要方法与手段之一。

(5) CAN 数据发送。

CAN 数据总线在发送信息时,每个控制单元均可接收其他控制单元发送出的信息。在通信技术领域,也把该原理称为广播,如图 3-16 所示。当总线某个控制器发送报文时,其他控制器可以对总线进行侦听,一旦发现总线空闲时,可由其他控制器发送报文。当多个控制器同时发送报文时,采用"总线仲裁"方式,获得优先权发送报文,这个优先权主要通过比较

ID 值,ID 值越小则优先权越大,ID 值越大优先权越低。

		7	6	5	4	3	2	1	0
字节1	帧信息	FF	RTR	x	x	DLC（数据长度）			
字节2	帧ID1	x	x	x	x	x	ID.10	ID.9	ID.8
字节3	帧ID2	ID.7~ID.0							
字节4	数据1	数据							
字节5	数据2	数据							
字节6	数据3	数据							
字节7	数据4	数据							
字节8	数据5	数据							
字节9	数据6	数据							
字节10	数据7	数据							
字节11	数据8	数据							

图 3-15　数据场结构

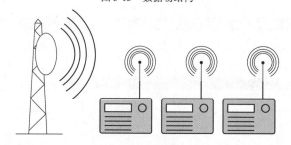

图 3-16　总线的传播方式

(6) 报文的接收。

报文发到总线上去后,挂在总线上的控制器通过 CAN 控制上的接收模块,将所需报文进行滤波验收后存入缓冲区,原理如图 3-17 所示。

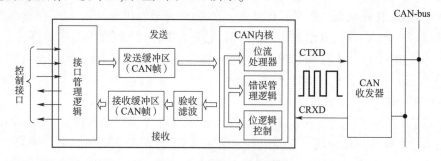

图 3-17　报文发送与接收原理

(7) 通信矩阵定义与管理。

在整车网络开发与管理过程中,汽车公司通常采用 CANoe 软件对整车通信矩阵进行定义与管理,使用该软件定义网络报文类型、发送方式、信号含义、精度以及变化范围,不但符合 ISO11898-1、ISO11898-2 标准要求,而且还能利用硬件工具如 CANSTRESS 进行物理仿真,为了便于报文管理和设计变更的追溯,汽车公司对通信矩阵维护与管理,常常采用 EXCEL 表格对整车报文进行管理与定义,在 EXCEL 表格中包含报文名称、报文类型、报文标识符、报文类型、报文发送周期、报文长度等内容如图 3-18 所示。

Msg Name 报文名称	Msg Type 报文类型	Msg ID 报文标识符	Extended Frame 扩展帧标识	Msg Send Type 报文发送类型	Msg Cycle Time(ms) 报文周期时间	Msg Length (Byte) 报文长度	Signal Name 信号名称
IPC_THROTTLE_CMD_VCU	Normal	0×162		Cycle	20	8	

图 3-18　信号的定义

1. 简述电池管理系统（BMS）的基本组成及工作原理。
2. *SOC* 值估算方法有哪几种？说明每种方法的优缺点。
3. 电池管理系统（BMS）种类有哪两种？分别说出各自优缺点。
4. 简述电池管理系统（BMS）的主要功能。
5. 简述主动均衡与被动均衡的含义以及二者的差异。
6. 简述 CAN 总线的定义、特点及作用。
7. 简述总线报文数据帧的格式。

项目四 电池组安全性能检测技术

任务一 设备认知及测试准备

> **任务要求**
>
> 通过本任务的学习，你应能：
> (1) 协同操作步入式高低温快速变化湿热试验箱进行测试；
> (2) 协同操作步入式复合盐雾试验箱进行测试；
> (3) 协同操作动力锂电池组能量回馈充放电测试系统进行测试。

 相关知识

电池单体、电池包或系统的测试项目众多，需要用到各种测试设备，其中最主要的测试设备包含高低温试验箱、盐雾试验箱及充放电测试系统。本任务中要学习的是步入式高低温快速变化湿热试验箱、步入式复合盐雾试验箱及动力锂电池组能量回馈充放电测试系统。

一、步入式高低温快速变化湿热试验箱

步入式高低温快速变化湿热试验箱（图 4-1）是依据《湿热试验箱技术条件》（GB/T 10586—2008）、《低温试验箱技术条件》（GB/T 10589—2008）、《高低温试验箱技术条件》（GB/T 10592—2008）、《高温试验箱技术条件设计制造》（GB/T 11158—2008），主要为航天、航空、石油、化工、军事、汽车（摩托车）、船舶、电子、通信等科研及生产单位提供温湿度变化环境，为电车电容、电池、电工电子等提供高低温、湿度环境试验。

目前各大新能源汽车主机厂使用的设备设计先进，制造工艺规范，零部件的配套与组装一致性强，维护方便。配套产品和功能元器件具有优越的性能，达到了国际先进水平。能够满足长期、安全、可靠的使用要求；能够满足研究开发、质量检测、产品验收等用途的试验要求；并有良好的用户界面，使用户的操作和监测都更加简单和直观；应用范围广，适应面宽，试验效果真实、可靠；同时还能够满足环保、安全、节能和电磁兼容等要求。

a)试验箱外部　　　　　　　b)试验箱内部

图4-1　步入式高低温快速变化湿热试验箱

本书结合 GB-TKP4-10m³/5 型步入式高低温快速变化湿热试验箱(图 4-1)进行介绍,该装置主要由试验箱体、制冷/除湿系统、加热系统、加湿系统、安全保护系统、冷却循环水、监控系统、电气控制系统等辅助系统组成。

1. 主要技术参数

GB-TKP4-10m³/5 型步入式高低温快速变化湿热试验箱主要技术参数见表 4-1。

高低温快速变化湿热试验箱主要技术参数　　　　　　　　表 4-1

工作室尺寸	2500mm×2000mm×2000mm,容积约10m³
外形尺寸	4550mm×2300mm×2450mm
温度范围	$-40 \sim +150$℃
湿度范围	20%~98%RH
温度波动度	≤±0.5℃
温度均匀度	≤2.0℃
温度偏差	≤±2.0℃
升温速率	$-40 \sim +85$℃时,≥5℃/min(全程平均,空载)
降温速率	$+85 \sim -40$℃时,≥5℃/min(全程平均,空载)
污染、电磁辐射	符合相关标准要求
噪声	≤75dB(A),噪声检测距离箱体1m处测量。
安装总功率	92kW,其中:制冷系统37kW,加热39kW,加湿12kW,其他4kW
电源	AC 380V±10%;50Hz;三相四线+搭铁线; 220V±10%交流电源
供水条件	水冷式,在冷却水路中安装有"Y"形过滤器。 (冷却液温度为5~30℃,供水压力为0.2~0.5MPa;冷却水流量约为20~25t/h,管径1.5寸,1进1出)

2. 设备系统

(1)箱体结构。

①结构方式。该设备由步入式箱体和制冷机组以及电控系统组成。

步入式箱体采用整体式拆装结构,拼块式标准保温库板,拼块间采用耐高低温有机硅胶材料密封,现场组合、安装而成;箱体前部为工作室,内部整体焊接,内设有送风系统包括送风电机、离心扇叶、加热器、蒸发器、风向导流以及回风口。

制冷机组系统、电器控制柜以及冷水机制作为一体式。制冷机组包括送风电机、离心风扇叶、加热器、压缩机、蒸发器、冷凝器、分体连接机构等;电器控制柜包括控制负载及相关报警的各种部件,如PLC、断路器、接触器、继电器、变压器、直流电源、操作面板等。

②外壳材料。外壳材料采用厚度为≥4.5mm的喷塑钢板和外部结构加强件,表面喷塑处理,外观涂镀层平整光滑,色泽均匀,无露底、起泡、起层或擦伤痕迹。设备在全年工况任意运行状态下,外表面不会产生凝露或结霜现象。

③内体材料。内壁材料采用厚度为≥5.7mm的国际通用SUS304不锈钢和内部结构加强件,保证试验箱工作室内壁温度与工作空间温度之差,高温下不大于试验箱温度的3%,低温下不超过8%。整体采用TIG无缝焊接,任何使用环境条件下,内表面不会出现凝露或结霜现象,且不会发生锈蚀。

④绝热材料。采用聚氨酯发泡、石棉板及超细玻璃纤维,保温厚度为150mm;保温层具有防潮、防水、防火、阻燃、耐高温、抗冻融、抗变形等特性。保温层材料在耐受高、低温时不会挥发有害物质。舱内温度为-60℃时,环境舱外壁面不产生结露现象。

⑤舱门。采用双开门结构设计,两扇门开门角度均可打开至180°,布置在宽度一侧,舱门与箱体之间采用双层硅橡胶密封条,耐高低温(-90~280℃),抗老化,密封性能良好。为了防止低温试验时门框和门的边沿凝露或结霜,门框和门的边沿设置有电热除霜装置。为方便人员的进出和紧急情况下箱内人员的安全撤离,大门的把手设计成箱体内外均可开启的形式。

⑥观察窗。大门上设置有2个可视中空电阻膜加热防霜观察窗,其具有防结露及除雾功能,透明度高。观察窗采用多层设计:第一层采用不锈钢防护网,第二层采用镀膜防霜中空玻璃。

⑦照明灯。箱内设有2只LED照明灯,照明灯线采用快插式,拆装方便;开关设在外部PLC触摸屏上,并具有延时自动关闭功能。

⑧电源插座。在箱体的右侧设有多功能插座,可通过PLC时序控制电源通断。

⑨气压平衡装置。箱体上安装有两套气压平衡装置,使设备在升温、降温、恒定试验时箱内与外界的气压保持基本一致。

⑩试验箱底板。底板为加强型(内置若干加强枕木),填充高密度绝缘物质聚氨酯泡沫,可承重≥1000kg/m² 均匀载荷,并在底板上铺设防滑不锈钢板,进行整体焊接。

底板三个方向设有排水沟槽与U形溢流水孔,可把废水排到箱体外。排水管出口位于长度方向侧面。

⑪安全泄压装置。在工作室内配置多套防爆泄压装置,在电池爆炸时快速排出高压气体,当发生爆炸时,泄压装置发生破坏并泄压,还设有保护钢架,以确保人员和设备安全。

⑫急停开关。有两个急停开关,1个在设备上,1个通过远程控制。

⑬电气标识。所有电气接线带有线标,所有电气元器件带有功能描述标识。

⑭安全标识。配备防触电、防冻伤、防烫伤、防机械伤害等危险识别标识。标识牌的材质为PVC或亚克力板。

(2)空气调节系统。

①空气循环装置。风道结构决定室内空气的流向。根据实验室的负载及箱体特点,实验室用上出风、下回风的风道结构,即内置空调间、循环风道及长轴离心式通风机,使用高效的制冷机和能量调节系统。工作室内空气通过风板吸入,与蒸发器、加热器进行能量交换后,由风机吸入混合后,经风板分流进入工作室。空气调节室由加热器、制冷蒸发器、空气搅拌装置等执行器与进出风口组成;通过不锈钢离心风机,搅拌工作室内空气使其在工作室和空气调节单元(风道)之间循环流动,达到热交换和均匀温场等作用。

②温度控制。控制器通过采集温度传感器信号和设定值进行比对,通过 PID + PWM 输出自动调节加热功率或制冷剂流量,使设备箱内的空气温度达到动态平衡。降温蒸发器在低温时使用,在蒸发器迎风侧增加两排超大片距换热管,用于防止后部蒸发器结霜影响空气循环。

③温度测量。采用高精度 A 级 Pt100 温度传感器进行温度测量;温度传感器一支用于控制,一支用于独立的超温保护。

④加热器。采用铠装电加热管作为加热器,其表面负荷小,具有无明火、控温灵敏、温度滞后小的特点。采用固态继电器进行无触点过零触发驱动加热器工作,无接触火花和噪声,使用寿命长。

(3)制冷系统。

制冷系统为设备的降温、低温恒温提供冷源;根据设备的试验状态不同,制冷系统自动调节制冷机的运行工况,为相应试验过程提供所需冷量,从而达到满足设备性能指标的目的,制冷系统的主要设备为制冷压缩机。

①低温主要配件。电磁阀、手动截止阀、过滤器、压力传感器、膨胀阀、高效冷凝蒸发器、油分离器。

②水冷凝器。壳管式高效水冷凝器。

③制冷蒸发器。采用亲水式翅片蒸发器,比一般蒸发器换热效率高 30%,具有美观、小巧、降温快等优点。

④充氮焊接工艺。低温连接管路采用优质无氧铜管,使用电动弯管机进行管路的制作、充氮焊接、48h 高保压防泄漏工艺以确保焊接质量。

⑤制冷系统安全措施。低温系统自动调节压缩机排气温度,使压缩机的温度保持在正常范围内,即使在 100 ~ 150℃ 开启压缩机进行降温,制冷系统也不会过热保护;在低温系统中,设置有压缩机进、排气口温度、压力自动协调系统,确保在不同的大气环境温度条件下,压缩机运转在设计工艺的最佳状态,以保证压缩机的工作寿命和运转的安全性,延长压缩机寿命,降低维修风险。在低温系统中,为防止长期低温恒温压缩机机头部结霜问题,系统设置有恒温旁路,在压缩机回气温度过低的情况下自动开启,保证压缩机机头不结霜,以延长压缩机的使用寿命。

⑥冷凝方式。水冷式。

⑦制冷剂。采用 R404A、R23 环保型制冷剂。

⑧降噪。本设备的噪声主要来自于制冷机组,通过对制冷机组采取以下措施,来减小整机噪声:制冷机组箱体除必要的进排风口外采用密闭结构,有效隔音;箱体内部贴敷消音棉,有效降噪;低温管路配备减震工艺管,降低压缩机工作时带来的噪声;制冷机组采用减震弹

簧和胶垫进行减震和降噪;制冷机组采用侧面进风顶部排风的方式减小噪声;冷水机组需选用低噪声冷凝风扇。

(4)加湿系统。

①加湿方式。电热蒸气加湿装置(不锈钢铠装加热器)通过不锈钢管道(管道保温处理)送入工作室加湿,低压蒸汽发生器配有软化过滤器,当加湿装置压力超过卸载值时,安全阀自动打开,执行元件无触点固态继电器。

②湿度测量方式。一体化高精度电子湿度传感器。

③水位控制器。采用液位电子浮球开关。

④加湿供水方式。实时动态供水系统:主要由水源箱、水泵、电磁阀、加湿器、水位控制器、连接软管等组成。

⑤水泵。用于给加湿器实时动态供水,以满足加湿及维持箱内湿度的需要。

⑥压力平衡装置。试验箱均配压力平衡装置,使箱内外压力基本一致,以保证湿度的准确性和稳定性。

⑦除湿系统。箱内装有除湿蒸发器,使工作室内空气中的水蒸气在除湿蒸发器上凝露成水,排出箱外,降低工作室的相对湿度。

⑧加湿用水。配置纯水处理器,试验箱后下部留有外部进水口,配以自动进水电磁阀和水位传感器,对试验箱的自动补水,以实现实验室无人看守的目的。

(5)环境舱内安全系统。

①主动安全。控制仪表内设有温度偏差报警保护以切断加热功能。并配有可在箱内任意位置移动温度传感器,用于检测样品的表面温度。当样品的表面温度异常,高于预设温度时,设备红色报警灯亮起,且设备停止运行并通过试验电源端子切断样品电源,同时开启喷淋灭火装置。

设备具备与电池包充放电设备的联动功能,可通信并可在适当的时候停止设备。

②被动安全。配备新能源电池行业专用泄压装置,在电池爆炸时快速排出高压气体,当发生爆炸时,泄压装置发生破坏并泄压,以确保人员和设备安全。

③烟感报警装置。配备高可靠性烟雾传感器,烟雾浓度超过设定值后,立即进行声光报警,并自动启动舱内的灭火装置。

④进排气装置。试验箱设置有自动进排气装置,自动或手动开关控制进行排气动作,可设定风量3min内整体排气,快速大量引进空气,将试验箱内的有害气体排出试验箱,并通过排气风管排到实验室外,以避免有害气体对人员的伤害。

⑤有害气体检测。工作室外装有 H_2、HC、CO 传感器,当抽样口 H_2、HC、CO 浓度超过设定值后,立即断电报警关闭设备电源,并打开进气口和开启换气装置。

⑥水灭火装置和 CO_2 灭火装置。设备具有水和 CO_2 自动灭火装置,可设置与可燃性气体检测探头或温度传感器联动,在测试电池着火时释放水或 CO_2 进行灭火;由灭火报警控制系统、感温探测系统、灭火剂贮存瓶、容器阀、选择阀、单向阀、气路控制阀、压力开关、喷嘴、管路等主要设备组成,可组成单元独立系统或组合分配系统等多种形式。整套系统具有自动灭火,应急手动灭火、现场机械施放灭火等功能。

自动控制方式:灭火控制器配有一个可燃气体探测器及一个多点测温控制系统,连接

PLC 控制器,可在人机界面上操作。可燃气体探测器测量易爆气体的浓度,在人机界面上显示及设定浓度的报警值,多点测温控制系统测量电池表面及实验温度,可设置绝对温度或试验的差值报警温度,以监控电池爆炸的可能性,可燃气体探测器及多点测温控制系统,设置两层报警值,第一层为通知信号,第二层为灭火动作信号。

手动控制方式:将控制器上的控制方式选择锁置于"手动"位置时,灭火控制器处于手动控制状态。这时,当火灾探测器发出火警信号时,控制器即发出火灾声、光报警信号,而不启动灭火装置,需经测试人员观察,确认火灾已发生时,可按下保护区外或控制器操作面板紧急启动按钮,即可启动灭火装置,释放灭火剂实施灭火,但报警信号仍存在。

水灭火装置和 CO_2 灭火装置两种模式可根据需要在仪表上选择,每种模式均可设置为允许或禁止状态。

(6)测控系统。

①温度测量方式。温度测量采用 A 级高精度 Pt100 铠装铂电阻。

②样品温度。配有可在箱内任意位置移动温度传感器,用于检测样品的表面温度。

③实验参数。试验过程中可实时显示当前目标温度、测量温度、加热输出量、制冷输出量、运行时间、程序运行的过程等重要的参考参数。

④制冷压力监控。试验箱配有用于检测压缩机工况的压力传感器,以检测压缩机运行过程中的实时动态压力,使压缩机始终处于良性的工作状态,可大大提高制冷系统的可靠性,延长其核心部件(如压缩机、电磁阀等)的使用寿命;同时,也可查看制冷系统的静态压力,以便维护设备时使用。

⑤温度控制器。采用中文彩色液晶触摸式人机界面和西门子高性能可编程控制器(SMART 系列 PLC),如图 4-2 所示。可直接输入、显示、控制温湿度,配以试验箱专用软件,控制系统采用人机对话方式。控制系统采用两路输入、两路输出的控制方式,分别控制温度和湿度,可显示、设定试验参数、程序曲线、工作时间、加热器、制冷机组、风机的工作状态。同时具有试验程序自动运行及 PID 参数自整定功能;可自动组合加热系统、除湿系统、制冷系统、循环风机、超温报警等子系统工作,从而保证整个温度控制系统的高控制品质。

图 4-2 西门子 PLC 模块

⑥主要执行电器。主要执行电器有交流接触器、断路器、热继电器、小型继电器、固态继电器、相序保护器等。

⑦人机对话界面。彩色触摸式人机界面和高性能可编程控制器(PLC),控制器具有保护功能,避免人为触摸而停机。

⑧显示方式。LCD 彩色液晶显示,触摸控制。

⑨显示精度。温度 0.1℃,时间 1min,湿度 0.1% RH。

⑩程序容量。本书中 GB-TKP4-10m³/5 型步入式高低温快速变化湿热试验箱可设置 100 个程序组,单个程序最大设置 100 段,可设置 999 个循环(整体循环与段循环),程序之间可以链接。

⑪系统运行方式。系统运行方式有两种,程序运行方式和恒定运行方式。

⑫故障信息。设备可显示故障状态、可能原因分析,试验箱出现故障时自动报警并切断电源,同时在人机界面显示相应的报警信息。

⑬定期维护。定期弹出日常维护和定期维护项目表,提醒和指导操作人员定期进行设备的维护。

⑭控制功能。上下限温度保护功能,控制系统还具备自检测、自诊断功能,自动进行故障显示、报警;具有定时开关机功能,设备可定时运行,到达设定时间后自动停机;自诊断功能,具有多种断电恢复模式,试验完成后具有自动停机并声光提示。

⑮远程监控。配备标准 RS485 计算机接口及专用通信软件,计算机可远程监视、控制设备的工作情况,能实时记录设定试验曲线、数据和试验实际数据并可打印。

远程控制组网形式:以太网连接。

设备(控制器)和上位计算机连接有两种方式:直连方式、局域网方式。

计算机和 1 台控制器直接连接,须把计算机和控制器的 IP 地址设置在 1 个区段内,如图 4-3 所示。

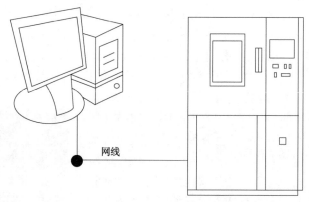

图 4-3 计算机和 1 台设备(控制器)直接连接

多台设备(控制器)和多台上位机连接需使用交换机或路由器组成局域网,控制器的 IP 地址可由 DHCP 自动获取,如图 4-4 所示。

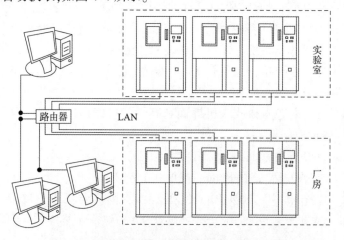

图 4-4 多台计算机和多台设备(控制器)局域网连接

⑯数据记录方式。PLC具有带电池保护的RAM,可保存设备的设定值和采样值;通过USB接口U盘存储,存储采样间隔时间可以设置按每1min一次,能存储4年以上的试验数据;通过触摸屏,可随时调取查询所存储记录中某一时段的数据,支持U盘热插拔及直接下载到U盘的功能;数据可以转换成曲线、Word文档或者其他格式报表功能,打印中英文报告。

⑰设备运行指示灯。在电器控制柜的顶部安装有三色声光报警器,可显示设备运行、停止、报警三种状态(运行时显示绿灯,开门时显示红灯并具有报警声讯)。

⑱监控系统。用于监视箱内在做试验时样品可能出现的异常状况,监控摄像机观察效果清晰、全面,监控摄像机可无死角拍摄,监控系统原理如图4-5所示。

图4-5 监控系统原理图

摄像机安装于环境舱内,可以监视、观察、记录舱内任意点的工作过程,无死角。摄像头需能承受环境舱内高低温环境,任何情况下拍摄应清晰,在试验箱的两个对角分别安装有高清摄像头,用于监视箱内在做试验时样品可能出现的异常状况。

(7)安全保护功能。

安全保护一旦发生故障,系统在切断电源的同时声、光报警并给出提示信息。具体包括:可靠的搭铁保护装置;漏电/断路保护;加热器短路保护;鼓风电动机过载保护;工作室独立超温、声光报警;制冷机高低压保护;制冷机过载保护;制冷机油温、油压保护;电源欠压、过压、缺相保护;冷却水系统缺水及冷却液温度保护;烟雾报警保护;压力异常报警保护;直立式三色警示灯(黄色代表开机、绿色代表运转、红色代表故障);紧急停止开关;旋转红色警示灯;蜂鸣警示器;风机压差报警装置。

特别注意,开机前需打开设备供水和供气阀门,开启设备供水水泵电源,开启设备供气电源,放置试件时注意保持工作室内风道通畅,避免触碰上方出风口温湿度传感器,关闭大门后才可运行设备!

二、步入式复合盐雾试验箱

步入式复合盐雾试验箱(图4-6)主要用于测试汽车动力蓄电池包、汽车总成件和零部件等的抗盐雾腐蚀能力;可模拟海洋性气候、考核汽车总成件和零部件产品及其防护层的抗盐雾腐蚀性能。

设备主要由以下系统构成:结构系统,空气调节系统、制冷系统,加热/加湿/除湿系统,盐雾模拟系统,中央控制系统等。本书结合GB-YW-10m³型步入式复合盐雾试验箱(图4-6)进行介绍。

a)试验箱外部　　　　　　　　b)试验箱内部

图 4-6　GB-YW-10m³ 型步入式复合盐雾试验箱

1. 主要技术参数

GB-YW-10m³ 型步入式复合盐雾试验箱主要技术参数见表4-2。

盐雾试验箱主要技术参数　　　　　　　　表 4-2

项目	参数
工作室尺寸	2500mm × 2000mm × 2000mm
外形尺(约)	4000mm × 2300mm × 2300mm
温度范围	0 ~ +100℃
温度波动度	≤ ±0.5℃
温度偏差	±2℃
升降温时间	升温:0 ~ +60℃时,≤40min,负载1000kg带发热。 降温:+60 ~ 0℃时,≤50min,负载1000kg带发热
湿度范围	20% ~ 98% RH
湿度偏差	±3% RH(>75% RH); ±5% RH(≤75% RH)
盐雾试验流程	第一步:在15 ~ +35℃下喷盐雾2h。 第二步:温度(40±2)℃,相对湿度(93±3)%,放置20 ~ 22h。 第三步:温度(23±2)℃,相对湿度45% ~ 55%,放置3天。 第一步和第二步为一循环,重复4个循环后进行第三步,组成一个试验周期,试验时完成4个试验周期
安装功率	约50kW
电源	电压AC 380V ±10%,50Hz ±5%,三相四线制 + 搭铁线
污染、电磁辐射	需符合相关标准要求

2. 设备各系统认知

(1)箱体结构。

①结构方式。采用整体式结构。工作室内有循环风道系统、制冷系统、加热系统、加湿/除湿系统等;顶部设有防凝露顶板。

②外壳材料。采用304不锈钢,表面静电喷塑。

③内体材料。内胆材料为316L不锈钢,内部整体式焊接。
④保温层。保温层保温材料的传热系数小,在任何试验时箱体内壁不发生热传导。
⑤工作室顶部。要求箱内的冷凝水不直接滴落在试品上。
⑥工作室底板。地板为316L防滑板,加强型底板(内置若干加强枕木)。
⑦大门。大门设置在深度方向,采用双开门结构。
⑧观察窗。大门上设有2个中空电阻膜加热防霜观察窗。电热玻璃为国内领先技术的导电覆膜玻璃,透光率高、隔热效果好,玻璃表面无电阻丝影响观察,保证在任何工况条件下可清晰观察。
⑨压力平衡装置。设有卸压孔,便于室内外压力保持相对平衡。
⑩导向轨道及限位装置。试验箱内左侧和右侧设置导向功能轨道,后端底部设置限位功能装置。

(2)空气调节系统。
①调控方式。空气强制循环调温调湿。
②空气循环装置。空气调节室由加热器、制冷蒸发器、空气搅拌装置等执行器与进出风口组成,通过不锈钢离心风机搅拌工作室内空气使其在工作室和空气调节单元之间循环流动,达到热交换和均匀温场等作用。

(3)加热/加湿/除湿系统。
①加热方式。采用优质高耐腐蚀钛管制成的加热器。
②加湿方式。外置式电热蒸汽加湿(不锈钢铠装电加热器)。
③加湿供水方式。实时动态供水系统,主要由水源箱、水泵、电磁阀、加湿器、水位控制器、连接软管等组成。
④水泵。用于给加湿器实时动态供水,以满足加湿及维持箱内湿度的需要。
⑤压力平衡装置。使箱内外压力基本一致,以保证湿度的准确性和稳定性。
⑥除湿系统。压缩机凝露法除湿,箱内装有除湿蒸发器,使工作室内空气中的水蒸气在除湿蒸发器上凝露成水,排出箱外,降低工作室的相对湿度。
⑦加湿用水。软化水或完全去离子水,试验箱需留有外部进水口,配以自动进水电磁阀和水位传感器,实现对试验箱的自动补水,以实现实验室无人看守的目的。

(4)制冷系统。
①制冷压缩机。半封闭式压缩机组成的复叠制冷机组。
②冷凝器。风冷冷凝器。
③制冷蒸发器。箱内主要冷热交换器,是制冷机组的冷量与箱内热空气进行能量交换的主要部件,采用钛合金防腐蒸发器。
④充氮焊接工艺。低温连接管路推荐采用优质无氧铜管。
⑤降噪措施。低温管路配备减振工艺管,降低压缩机工作时带来的噪声。
制冷机组采用减振簧和胶垫进行减振和降噪。
⑥制冷剂。采用R404A、R23环保型制冷剂。

(5)盐水喷淋模拟系统。
①酸碱的pH值。6.5~7.2之间。

②喷嘴。采用特种石英玻璃喷嘴制成,可调整喷量之大小及喷出角度。

③喷雾方式。气流喷雾式。

④盐水箱。耐腐蚀盐水箱。

⑤连续喷雾时间。试验箱需有超大盐水池设置可以使在不添加盐水的情况下连续喷雾长达 60h 以上。

⑥空气饱和发生器。采用 SUS316 2.0 不锈钢制造桶体,配置加热控温系统,并具有自动补水系统。

⑦主要气动器件。油水分离器、调压阀、电磁阀。

⑧气压的调节。双重压力调整、保护,可以选择连续或周期喷雾。

⑨强排风装置。试验箱设有盐雾强排风机,盐雾试验结束后,打开箱门之前,可以启动强排风装置,快速置换试验箱工作室内的盐雾气体,避免开门后盐雾溢出。

⑩排水装置。废水自动排出功能,使接触过试验样品的盐溶液不能回收利用。

⑪恒压孔。有效防止试验箱内产生压力差,影响盐雾均匀分布。

(6)电器控制系统。

①温湿度测量。采用 A 级高精度 Pt100 铠装铂电阻,湿度测量用干湿球法。

②温度控制器。采用中文彩色液晶触摸式人机界面和高性能可编程控制器(PLC),可直接输入、显示、控制试验参数、压缩机、加热器、加湿器等工作状态。同时具有试验程序自动运行及 PID 参数自整定功能;控制装置采用人机对话方式,只需设定温度、湿度、喷雾时间、周期等参数,可使系统自动运行;控制系统智能化,可自动组合压缩机、加热器、加湿器、喷雾等子系统工作,从而保证整个系统的高控制品质。

③主要执行电器。主要执行电器有交流接触器、断路器、热继电器、小型继电器、固态继电器、相序保护器。

④人机对话界面。彩色触摸式人机界面和高性能可编程控制器(PLC),控制器具有荧屏锁定功能,避免人为触摸而停机。

⑤显示方式。LCD 彩色液晶显示,触摸控制,中文界面。

⑥显示精度。温度 0.1℃,时间 1min,湿度 0.1%RH。

⑦设定精度。温度 0.1℃,湿度 0.1%RH。

⑧程序容量。温度变化过程、恒定时间可以程序控制,可预设多条温度程序以备选择调用,本书中 GB-YW-10m³ 型步入式复合盐雾试验箱本书可设置 30 个程序组,单个程序最大设置 999 段,可设置多个循环(整体循环与段循环),程序之间可以链接。

⑨控制模式。恒定运行方式,程序运行方式。

⑩故障信息。显示故障状态、可能原因分析,提供有关故障排除的详细资料,并自动记录诊断信息。

⑪定期维护信息。定期弹出日常维护和定期维护项目表,提醒和指导操作人员定期进行设备的维护。

⑫控制功能。上下限温度保护功能,控制系统具备自检测、自诊断功能,自动进行故障显示、报警;自动运行和停止的定时功能;自诊断功能,具有多种断电恢复模式;具有智能化功能,可以根据试验温度控制制冷机的工作状态。

⑬远程监控。配有标准计算机接口及专用中文版通信软件,可实现将中央控制仪表与计算机进行远程通信管理。

⑭数据记录方式。可保存设备的设定值和采样值,通过 USB 接口 U 盘存储,存储采样间隔时间可以设置按每 1min 一次,能存储 5 年以上的试验数据;可随时调取查询所存储记录中某一时段的数据,支持 U 盘热插拔及直接下载到 U 盘的功能;并可拷贝数据或通过 PC 机直接显示和打印试验数据/曲线。

⑮设备运行指示灯。在电器控制柜的顶部安装有三色声光报警器,可显示设备运行、停止、报警三种状态。

(7)安全保护功能。

搭铁保护,漏电/断路保护,加热器短路保护,鼓风电机过载保护,工作室独立超温、声光报警,水箱液位保护,湿度饱和器断水保护,电源欠压、过压、缺相保护。

(8)设备使用条件。

①电压。AC 380V±10%、50Hz 三相四线+搭铁线。

②环境温度。0~40℃。

③环境湿度。<85% R.H(25℃)。

④大气压。86~106kPa。

⑤场地要求。设备应水平放置于通风良好的试验室内,周围应留有充足的空间供操作及维护使用。

⑥环境条件。设备现场周围无强烈振动、无强电磁场干扰、无高浓度粉尘及腐蚀性物质、无阳光直接照射或其他热源直接辐射。

特别注意,开机前需打开设备供水和供气阀门,开启设备供水水泵电源,开启设备供气电源,放置试件时注意保持工作室内风道通畅,避免触碰上方出风口温湿度传感器,关闭大门后才可运行设备!

三、动力锂电池组能量回馈充放电测试系统

动力锂电池组能量回馈充放电测试系统(图 4-7)是专门为高功率二次电池组测试而开发的高精密充放电仿真设备,可用于锂电池组测试、电机性能测试等测试领域。本书结合 NEEF-200-V001 型充放电测试系统进行介绍,NEEF-200-V001 是一款由计算机控制的能量回馈式双向双通道的电源处理系统。

1. 适用范围

NEEF-200-V001 可以根据用户的要求提供恒流模式、恒压模式、恒流转恒压模式、脉冲模式、恒功率模式、恒阻模式、电流阶跃模式、电压斜坡模式、电流斜坡模式、变功率模式等输出功能,同时可以任意组合各种模式对电池组进行充放电,并且快速切换。

图 4-7 NEEF-200-V001 型充放电测试系统

2. 系统架构组成

NEEF-200-V001 型充放电测试系统架构组成如图 4-8、图 4-9 所示。

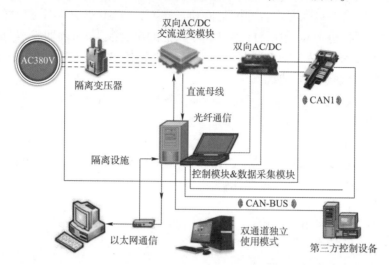

图 4-8　NEEF-200-V001 系统架构

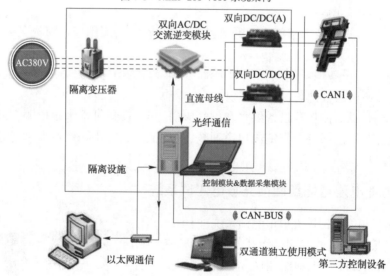

图 4-9　NEEF-200-V001 双通道并联系统架构

3. 主要技术参数

NEEF-200-V001 型锂电池组能量回馈充放电测试系统主要技术参数见表 4-3。

充放电测试系统主要技术参数　　　　表 4-3

设备外观	1700mm×1140mm×2000mm
设备质量	2.6t
NEEF-200-V001 单通道输出电流	−300 ~ +300A（单通道恒功率:150kW）
NEEF-200-V001 双通道并联输出电流	−600 ~ +600A（2 通道并联恒功率:200kW）

续上表

NEEF-200-V001 适用负载电池范围	DC15V～DC500V
功率精度	≤2‰FSR(full scale)
充放电电流测量精度	≤1‰FSR(full scale)
电压测量精度	≤1‰FSR(full scale)
电流响应时间 TrRise Time	≤20ms 电流输出设置值的10%～90%的时间(电流上升时间)(电池负载)
超调幅度% Overshoot	% Overshoot≤1% FSR(full scale)
放电切换到充电的切换时间(-300～+300A、+300～-300A)	≤40ms 如:从放电状态切换到充电状态并输出电流到设置值的最小时间
数据采样时间	1ms/1s(变换器内部采样1ms,通信显示1s)
上位机数据记录最小间隔	≥10ms
设备功能	具备:恒电压、恒电流、恒功率、恒电流转恒电压、恒负载、电流阶跃、电压斜坡、电流斜坡、脉冲电流、电流曲线输出等功能;同时可以任意组合
保护功能	电网掉电保护,包含交流输入及馈电;过压、欠压、缺相、过流、过载、通信中断保护等
系统内置工况测试程序	可根据客户要求内置
通信方式	CAN 2.0A、2.0B(CAN 通信功能)
接口	485、CAN、以太网、USB接口
CAN 总线接口数量	每通道2路
工况数据自动转换软件	可将EXCEL及TXT文件的工况数据文件自动转成测试文件
输出线及采样线长度	5m(包含:主通道输出电缆、数据集电缆、辅助通道采样线电缆)
防尘、散热	具备防尘、散热装置
静音要求	≤75dB(正常工作状态)
冷却方式	风冷
回馈电网电流谐波	≤5%
电网要求	AC380V±10%/频率50Hz±2Hz(三相五线制)
整机效率	>0.92
功率因数	>99%
意外断电保护	发生意外断电时,设备可以断电保护,在恢复供电后设备仍可以续接断电时运行的工步
工作温度	0～40℃(硬件长期实际耐受能力,具备过温报警功能)
工作湿度	0～85%RH

续上表

硬件防护等级	IP21
断电续接	具备
紧急停止按钮	具备
测试流程工艺校对功能	测试工艺的编写软件能对测试工艺流程的逻辑进行校对
是否具备能量回馈	具备(放电能量回馈至电网)

4. 系统特点

(1)工业标准动态电流充放电测试。

电性能测试符合 GB/T 31467—2015、GB/T 31484—2015、GB/T 31486—2015 等。

(2)能量回馈回收利用。

能量回馈效率高,电池组放电能量可回馈至企业电网,也可在设备通道之间回馈利用,最大限度降低电网负荷,实现低热能产出,降低生产成本。

(3)根据实际路况进行工况仿真测试。

可将车载实测工况数据转换为模拟仿真测试工艺,对动力蓄电池包进行工况模拟测试,以帮助用户开发自己特有的测试工况模型。

(4)操作软件易编程、易掌握。

①软件功能丰富、易编程、易掌握;软件集成了"工况模拟测试"及"充放电测试"功能。

②具备恒流模式、恒压模式、恒流转恒压模式、脉冲模式、恒功率模式、恒阻模式、电流阶跃模式、电压斜坡模式、电流斜坡模式、变功率模式、循环、静置等"工步设计"输出功能程序设置。

③程序测试工步≥9999 步;程序循环次数≥9999 次;保存测试程序数量为无限制。

④试验程序跳转和终止条件:通过常规变量(电压、电流、时间、容量、能量、功率、温度)以及自定义变量(BMS 变量、其他采集器)作为条件进行跳转和终止测试。

⑤工况模拟系统采用"菜单式编程",支持实时工况文件(EXCEL 格式)导入,工况文件可通过人工编辑和工况采集系统获取。

(5)丰富的数据报表功能。

具有丰富的数据报表功能,可生成 EXCEL 格式的报表,报表数据包括通道数据、工步数据、结果数据、实时数据,并具备指定变量报表绘图功能。

数据分析功能:使用者可同时选择 Y 轴的 4 项参数,产出符合需求的图表。

数据保存功能:数据可逐个单独导出,也可多选后全部导出;数据名称可根据条码号、管理人员 ID、项目名称等进行命名。

(6)完善的保护功能。

完善的输入、输出级断电保护功能,有效保证设备、测试数据及受试产品的安全灵活多样的编程模式能够满足复杂工艺的测试需求。

输入保护:过压、过流、缺相、过温、保护报警。

输出保护:过压、过流、短路、温度、欠压、电池反接、外部短路保护报警。

断电保护:外部断电后,电池与设备之间自动断开,避免因重新上电造成意外。

单体保护：单体欠压、单体过压、单体温度超限、反接、保护报警，保护限值可设置。

控制软件可设置安全保护条件：软件过压保护、软件欠压保护、软件过流保护、辅助温度保护、辅助电压保护，同时保护电压电流值可设定，且通道保护后可以在列表显示提示和记录。

急停保护：在紧急异常情况下，系统具有急停功能，急停功能可以停止所有通道。

(7) 单通道输出能力说明。

锂电池组能量回馈充放电测试系统(NEEF-200-V001)框架由2个通道组成，每个通道由一个500V300A的双向DC/DC直流电源构成，每个通道单独使用最大功率150kW。

(8) 系统各通道可并联使用，增强设备的使用范围。

NEEF-200-V001 由 2 通道 500V600A 的电源系统组成；设备的 2 通道可以随意并联使用，形成 2 通道 500V600A 最大输出能力，满足大电池充放电及脉冲式放电使用；

两通道灵活并联功能可以满足用户根据实际电池需要组合装置，扩大受试产品的规格范围，满足用户使用弹性高的要求，设备利用率大大提高。

(9) 系统软件集成。

整合外部设备以达到使用者的测试目的，提高方便性，如液冷系统集成、振动台集成、环境舱集成、单体电压温度采集系统集成、电子负载制动系统等。

通过软件可整合恒温恒湿箱，配合充放电测试做同步设定条件，预留 RS232、CAN、Internet 接口。

通过软件可整合单体电压温度采集系统，如 NEM192V32T 可进行锂电池单体温度实时采集和分析，预留 CAN、Internet 接口。

电机性能测试：通过软件集成电子负载制动系统后，方可进行电机性能测试。

5. 测试项目

(1) 动力蓄电池组 BMS 基本参数测试。

对比 BMS 某些地址中的参数；

BMS 静态总电压精度测试(BMS 与设备采样比较)；

BMS 电流采样精度测试(BMS 采样与设备采样电流)。

(2) DCIR 测试。

DCIR 的评估可以根据 BS EN1960 测试波形，利用电压差来计算 DCIR 值，图 4-10 为 DCIR 测试电流与时间(Time)、电压(Voltage)与电流(Current)的关系，其中横坐标为时间。

计算方式一：在电池两端施加一个电流脉冲，电池端电压将产生突变，式中，ΔI 为电流脉冲；$U(t)$ 为 t 时刻的电池端电压；U_0 为初始电池端电压。直流内阻往往包含欧姆内阻和一部分极化内阻，其中极化内阻所占比例受电流加载时间 t 的影响。

计算方式二：在电池两端施由一个电流跳跃到另外一个电流值，电池端电压将产生变化，式中，ΔI 为电流变化值；ΔU 为电压变化值。

(3) 电池模组/包循环寿命试验。

电池之充放电使用寿命不只是动力蓄电池需要，所有电池产品都有相同之测试条件，其测试是依照先行定义的充放电条件作为一个周期，对同一颗电芯反复测试，评估此电池直到测试终止条件到达前，正确地执行过几个周期，即为此电池的循环周期，循环周期次数越多，代表此电池芯之寿命越长。图 4-11 为电池容量与电压的关系,横坐标为容量、纵坐标为电压。

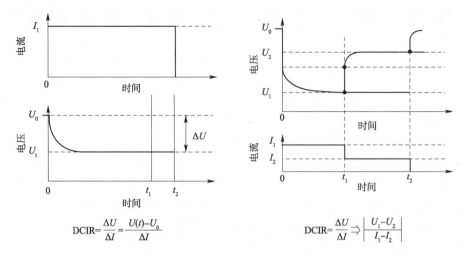

图 4-10　DCIR 测试

(4) 电池模组/包容量试验。

电池模组/包容量通常是由放电电流及时间两个条件积分而成,故测试容量时的放电电流将影响最后容量的测量,每颗电池虽有制造商标示规格,在其常用低充放电率来进行容量测试,但动力蓄电池经常在高于高充放电率状态下进行充电与放电,若仅参考规格来设定动力电池的容量将与实际容量有落差。在实物上需参考最终动力蓄电池的充放电速率,针对其电池芯进行测试,将得到较准确的动力蓄电池容量。图 4-12 为不同测试对象(A、B、C)的容量与循环次数的关系。

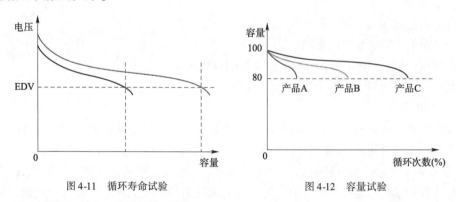

图 4-11　循环寿命试验　　　　　图 4-12　容量试验

(5) 电池模组/包充/放电特性试验。

锂离子电池通常都采用恒流转恒压充电模式。充电开始为恒流阶段,电池的电压较低,在此过程中,充电电流稳定不变。随着充电的继续进行,电池电压逐渐上升到 4.2V,此时充电器应立即转入恒压充电,充电电压波动应控制在 1% 以内,充电电流逐渐减小。当电流下降到某一范围,进入涓流充电阶段。涓流充电也称维护充电,在维护充电状态下,充电器以某一充电速率为电池继续补充电荷,最后使电池处于充足状态。图 4-13 为充电过程中电池电压和充电电流与充电时间的关系。

不同的放电率下,电池电压的变化有很大的区别。放电率越大,相应剩余容量下的电池电压就越低。采用0.2C放电速率,单体电池电压下降到2.75V时,可放出额定容量。采用1C放电速率时,能够放出额定容量的98.4%。图4-14为不同放电倍率下(1C、4.5C、9C、14C、18C),电池电压与容量的关系。

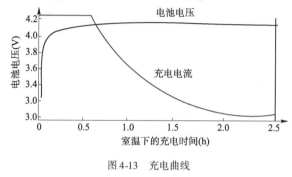

图4-13　充电曲线　　　　　　　　图4-14　放电曲线

(6)电池模组/包脉冲充/放电特性试验。

电极间锂离子的扩散速度决定了锂离子电池的充电速度,缓慢的锂离子扩散运动不可避免会导致锂离子的浓度极化,特别是在大电流充电过程中,浓度极化会导致电池端压迅速上升到充电终止电压。

为了克服这些困难,将脉冲充电技术应用于锂离子电池,即在充电过程中插入空闲时间和放电脉冲。短暂的空闲时间和放电脉冲能够有效地消除浓度极化、增加功率的传输速率,因而能够提高活性材料的利用率和加速充电过程。脉冲充电如图4-15、图4-16所示。

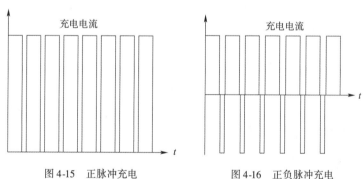

图4-15　正脉冲充电　　　　　　　图4-16　正负脉冲充电

(7)电池模组/包荷电保持及恢复能力试验。

荷电保持能力和荷电恢复能力检测主要是检验锂离子电池储存一段时间后的容量保持情况,并在荷电保持试验后对电池再充电,按照一定的试验步骤,检验其容量恢复情况。图4-17为不同电池的电量与搁置时间的关系,横坐标搁置时间的单位为天(d)。

(8)电池模组/包充放电效率试验。

电池模组/包的运行成本以及使用寿命直接和电池组的动力性能相关,因此,必须充分利用锂电池组的有限能量以降低电池包的运行成本并延长使用寿命,所以有必要研究电池组在使用过程中的充放电效率,建立电池组的最佳充放电性能模型,缩短充电时间,提高电池组放出的能量,确保电池组所存储的能量满足车辆在整个使用寿命中的要求。图4-18为不同电流强度下效率与放电深度的关系。

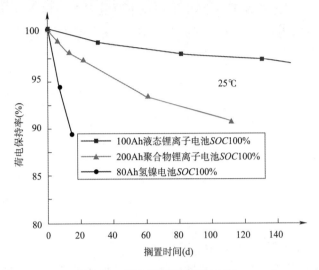

图 4-17　荷电保持及恢复能力试验

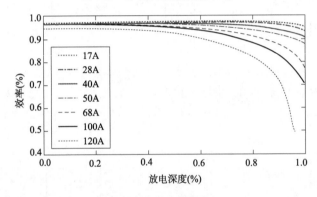

图 4-18　充放电效率试验

充电效率和所采用的充电制度以及电池在充电前的放电深度有关；而放电效率则和系统总的电阻损失和放电电流大小有关。

(9) 电池模组/包一致性测试评价试验。

动力蓄电池在电动汽车动力系统中的广泛应用，逐渐暴露出一系列诸如耐久性、可靠安全性等方面的问题。电池成组后单体之间的不一致是引起这一系列问题的主要原因之一。

动力蓄电池不一致的表现主要反映在两个方面，一是电池单体性能参数的差异，二是电池工作状态的差异。前者主要包括电池容量、内阻和自放电率的差异；而后者主要是指电池荷电状态和工作电压的差异。

(10) 单体温度特性试验。

锂电池在不同的温度条件对锂离子电池的容量有影响，相同的充放电条件下，温度越高，容量越高，反之，温度越低，容量越低，如图 4-19 所示，该图为单体电池在不同温度下电压与放电容量或充电容量的关系。

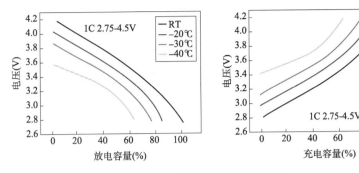

图 4-19 单体电池温度特性试验

四、测试条件

1. 一般条件

（1）除另有规定，测试环境温度为 22℃±5℃，相对湿度为 10%~90%，大气压力为 86kPa~106kPa。本书所提到的室温，是指 25℃±2℃。

（2）若单体电池无法独立工作，可采用电池模块进行测试，安全要求仍按照电池单体执行。

（3）对于由车体包覆并构成电池包箱体的电池包或系统，可带箱体或车体测试。

（4）电池包或系统测试等测试样品交付时需要包括必要的操作文件，以及和测试设备相连所需的接口部件，如连接器，插头，包括冷却系统接口。制造商需要提供电池包或系统的安全工作限值，以保证整个测试过程的安全。

（5）电池包或系统在所有测试前和部分测试后需进行绝缘电阻测试。测试位置为：两个端子和电平台之间。要求测得的绝缘电阻值除以电池包或系统的最大工作电压不小于 100Ω/V。

（6）如果电池包或系统由于某些原因（如尺寸或质量）不适合进行某些测试，那么制造商与检测机构协商一致后可以用电池包或系统的子系统代替作为测试对象，进行全部或部分测试，但是作为测试对象的子系统应包含和整车要求相关的所有部分（如连接部件或保护部件等）。

（7）调整 SOC 至测试目标值 $n\%$ 的方法：按制造商提供的充电方式将电池包或系统充满电，静置 1h，以 $1I_3$（I_3：3 小时率放电电流，即额定容量值 C 的 1/3，单位：安）恒流放电，放电时间为 T，T 按照下式计算得到，或者采用制造商提供的方法调整 SOC。每次 SOC 调整后，在新的测试开始前测试对象应静置 30min。

$$T = \frac{100-n}{100} \times 3$$

式中：T——放电时间，h；

n——测试目标值的百分数值。

（8）测试过程中的充放电倍率大小、充放电方法和充放电截止条件由制造商提供。

（9）单体电池、电池包或系统的额定容量应符合制造商提供的产品技术条件。

（10）除有特殊规定，测试对象均以制造商规定的完全充电状态进行测试。

（11）单体电池、电池包或系统放电电流符号为正，充电电流符号为负。

（12）当电池冷却系统使用了冷却液时，如果测试不要求电池冷却，也可在排掉冷却液后进行测试。

2. 测量仪器、仪表准确度

测量仪器、仪表准确度应不低于以下要求：电压测量装置，±0.5%FS；电流测量装置，±0.5%FS；温度测量装置，±0.5℃；时间测量装置，±0.1%FS；尺寸测量装置，±0.1%FS；质量测量装置，±0.1%FS。

3. 测试过程误差

控制值(实际值)与目标值之间的误差要求有：电压，±1%；电流，±1%；温度，±2℃。

4. 数据记录与记录间隔

除在某些具体测试项目中另有说明，否则，测试数据(如时间、温度、电流和电压等)的记录间隔应不大于 100s。

五、测试准备

1. 电池单体测试准备

(1) 标准充电。

单体电池先以制造商规定且不小于 $1I_3$ 的电流放电至制造商技术条件中规定的放电终止电压，搁置 1h(或制造商提供的不大于 1h 的搁置时间)，然后按制造商提供的充电方法进行充电，充电后搁置 1h(或制造商提供的不大于 1h 的搁置时间)。

若制造商未提供充电方法，则由检测机构和制造商协商确定合适的充电方法，或依据以下方法充电：

① 对于锂离子蓄电池，以 $1I_1$(A)电流(I_1：1 小时率放电电流，其数值等于额定容量 C，单位：安)恒流充电至制造商规定的充电终止电压时转恒压充电，至充电电流降至 $0.05I_1$(A)时停止充电，充电后搁置 1h(或制造商规定的不高于 1h 的搁置时间)；

② 对于金属氢化物镍蓄电池，以 $1I_1$(A)电流恒流充电 1h，再以 $0.2I_1$(A)充电 1h，充电后静置 1h(或规定的不大于 1h 的静置时间)。

(2) 预处理。

正式测试开始前，单体电池需要先进行预处理循环，以确保测试对象的性能处于激活和稳定的状态。步骤如下：

① 对单体电池进行标准充电；

② 以制造商规定的且不小于 $1I_3$ 的电流放电至制造商规定的放电截止条件；

③ 静置 30min 或制造商规定时间；

④ 重复步骤①~③不超过 5 次。

如果单体电池连续两次的放电容量变化不高于额定容量的 3%，则认为单体电池完成了预处理，预处理循环可以中止。

2. 电池包或系统测试准备

(1) 工作状态确认。

正式开始测试前，电池包或系统的电子部件或 BCU 应处于正常工作状态。

(2) 预处理。

① 正式测试开始前，电池包或系统需要先进行预处理循环，以确保测试时测试对象的性

能处于激活和稳定的状态。步骤如下：

a. 以不小于 $1I_3$ 的电流或按照制造商推荐的充电方法充电至制造商规定的充电截止条件；

b. 静置 30min 或制造商规定的时间；

c. 以制造商规定的且不小于 $1I_3$ 的电流放电至制造商规定的放电截止条件；

d. 静置 30min 或制造商规定的时间；

e. 重复步骤 a. ~ d. 不超过 5 次。

②如果电池包或系统连续两次的放电容量变化不高于额定容量的 3%，则认为电池包或系统完成了预处理，预处理循环可以中止。

③除在某些具体测试项目中另有说明，否则，若预处理循环完成并满充后和一个新的测试项目的时间间隔大于 24h，则需要重新进行一次标准充电：使用不小于 $1I_3$ 的电流充电至制造商规定的充电截止条件或按照制造商推荐的充电方法充电，静置 30min 或制造商规定的时间。

任务二　高低温测试

> 📚 **任务要求**
>
> 通过本任务的学习，你应能：
> (1) 了解高低温测试包含的测试项目；
> (2) 了解高低温测试的安全要求等；
> (3) 能对电池单体、电池包或系统进行高低温测试；
> (4) 会对测试结果进行分析。

 相关知识

高低温测试是模拟实际用车环境对电池进行安全性能测试，比如在炎热的夏天电池在高温下是否能正常工作或者出现安全问题，或在北方寒冷的冬天电池是否还能正常工作等。高低温测试包含温度循环、加热、温度冲击、湿热循环等。

一、温度循环

对电池单体进行温度循环测试。测试对象是否合格判断标准为：电池单体进行温度循环测试，应不起火、不爆炸。测试所需设备有步入式高低温快速变化湿热试验箱、动力锂电池组能量回馈充放电测试系统等。

1. 充电

电池单体先以测试对象规定且不小于 $1I_3$ 的电流放电至测试对象技术条件中规定的放

电终止电压,搁置1h(或测试对象提供的不大于1h的搁置时间),然后按测试对象提供的充电方法进行充电,充电后搁置1h(或测试对象提供的不大于1h的搁置时间)。

若测试对象未提供充电方法,则由检测机构和测试对象协商确定合适的充电方法,或依据以下方法充电:

以测试对象规定且不小于$1I_3$的电流恒流充电至电池单体达测试对象技术条件中规定的充电终止电压时转恒压充电,至充电电流降至$0.05I_1$时停止充电,充电后搁置1h(或测试对象提供的不大于1h的搁置时间)。

2. 测试

将测试对象放入温度箱中,温度箱温度按照表4-4进行调节,如图4-20所示,按照图中的温度共进行5次循环。

温度循环测试中一个循环的温度和时间　　　　　　　　表4-4

温度 (℃)	时间增量 (min)	累计时间 (min)	温度变化率 (℃/min)
25	0	0	0
-40	60	60	13/12
-40	90	150	0
25	60	210	13/12
85	90	300	2/3
85	110	410	0
25	70	480	6/7

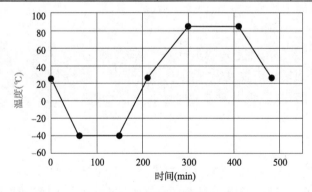

图4-20　温度循环测试示意图

完成以上测试步骤后,在测试环境温度下观察1h。

3. 测试过程数据记录及数据处理(表4-5)

温度循环测试数据记录表　　　　　　　　表4-5

序　号	时　间	设定温度	设定湿度	实测温度	实测湿度

二、加热

对电池单体进行温度循环测试。测试对象是否合格判断标准为:电池单体进行温度循环测试,应不起火、不爆炸。测试所需设备有步入式高低温快速变化湿热试验箱、动力锂电池组能量回馈充放电测试系统等。

1. 充电

电池单体先以测试对象规定且不小于 $1I_3$ 的电流放电至测试对象技术条件中规定的放电终止电压,搁置 1h(或测试对象提供的不大于 1h 的搁置时间),然后按测试对象提供的充电方法进行充电,充电后搁置 1h(或测试对象提供的不大于 1h 的搁置时间)。

若测试对象未提供充电方法,则由检测机构和测试对象协商确定合适的充电方法,或依据以下方法充电:以测试对象规定且不小于 $1I_3$ 的电流恒流充电至电池单体达测试对象技术条件中规定的充电终止电压时转恒压充电,至充电电流降至 $0.05I_1$ 时停止充电,充电后搁置 1h(或测试对象提供的不大于 1h 的搁置时间)。

2. 测试

将测试对象放入温度箱,用以下的条件加热:对于锂离子电池单体,温度箱按照 5℃/min 的速率由测试环境温度升至 (130±2)℃,并保持此温度 30min 后停止加热;对于镍氢电池单体,温度箱按照 5℃/min 的速率由测试环境温度升至 (85±2)℃,并保持此温度 2h 后停止加热。完成以上测试步骤后,在测试环境温度下观察 1h。

3. 测试过程数据记录及数据处理(表 4-6)

加热测试数据记录表　　　　　表 4-6

序　号	时　间	设定温度	设定湿度	实测温度	实测湿度

三、温度冲击

对电池包或系统进行温度冲击测试。测试对象是否合格判断标准为:电池包或系统进行温度冲击测试,应无泄漏、外壳破裂、起火或爆炸现象;测试后的绝缘电阻应不小于 $100\Omega/V$。测试所需设备有步入式高低温快速变化湿热试验箱、动力锂电池组能量回馈充放电测试系统等。

1. 充电

电池单体先以测试对象规定且不小于 $1I_3$ 的电流放电至测试对象技术条件中规定的放电终止电压,搁置 1h(或测试对象提供的不大于 1h 的搁置时间),然后按测试对象提供的充电方法进行充电,充电后搁置 1h(或测试对象提供的不大于 1h 的搁置时间)。

若测试对象未提供充电方法,则由检测机构和测试对象协商确定合适的充电方法,或依据如下方法充电:以测试对象规定且不小于 $1I_3$ 的电流恒流充电至电池单体达测试对象技术条件中规定的充电终止电压时转恒压充电,至充电电流降至 $0.05I_1$ 时停止充电,充电后搁置 1h(或测试对象提供的不大于 1h 的搁置时间)。

2. 测试

测试对象置于(-40±2)~(60±2)℃(如果测试对象要求,可采用更严苛的测试温度)的交变温度环境中,两种极端温度的转换时间在30min以内。测试对象在每个极端温度环境中保持8h,循环5次。完成以上测试步骤后,在测试环境温度下观察2h。

3. 测试过程数据记录及数据处理(表4-7、表4-8)

温度冲击测试绝缘电阻记录表　　　　　　　　　表4-7

测试项目	负极到壳体			正极到壳体
测试前绝缘电阻值				
测试后绝缘电阻值				

温度冲击测试数据记录表　　　　　　　　　表4-8

序　号	时　间	设定温度	设定湿度	实测温度	实测湿度

四、湿热循环

对电池包或系统进行温度冲击测试。测试对象是否合格判断标准为:电池包或系统进行湿热循环测试,应无泄漏、外壳破裂、起火或爆炸现象;测试后30min之内的绝缘电阻应不小于100Ω/V。测试所需设备有步入式高低温快速变化湿热试验箱、动力锂电池组能量回馈充放电测试系统等。

1. 测试

按照GB/T 2423.4执行测试,变量如图4-21和图4-22所示。其中最高温度为60℃以上,循环5次。完成以上测试步骤后,在测试环境温度下观察2h。

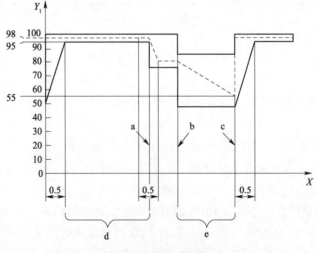

图4-21　温湿度循环(1)
Y_1-相对湿度,%;d-冷凝;e-干燥

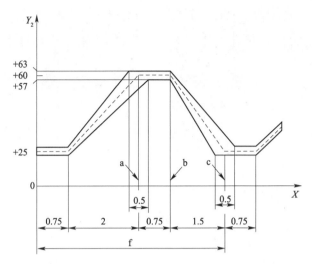

图 4-22 温湿度循环(2)

a-升温结束;Y_2-温度,℃;b-降温开始;X-时间,h;c-推荐温湿度值;f-一个循环周期

2. 测试过程数据记录及数据处理(表 4-9、表 4-10)

湿热循环测试绝缘电阻记录表　　　　　　表 4-9

测试项目	负极到壳体		正极到壳体
测试前绝缘电阻值			
测试后绝缘电阻值			

湿热循环测试数据记录表　　　　　　表 4-10

序 号	时 间	设定温度	设定湿度	实测温度	实测湿度

五、温度测试设备操作步骤

温度测试所用设备为 GB-TKP4-10m³/5 型步入式高低温快速变化湿热试验箱(以下简称高低温试验箱),测试设备有如下操作步骤。

(1)第 1 步。放入电池单体/电池包/系统,如图 4-23 所示,关闭舱门(舱门把手在一条斜的直线上),如图 4-24 所示。

(2)第 2 步。打开总电源空开,如图 4-25 所示,把红色开关向上推即为打开,向下拉即为关。

(3)第 3 步。打开空压机,如图 4-26 为空压机的空开,把红色开关向上推即为打开,如图 4-27 为空压机。

图4-23　高低温测试对象放置示意图　　图4-24　高低温试验箱关闭舱门示意图

 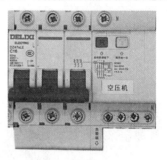

图4-25　高低温试验箱总电源空开　　图4-26　空压机空开

（4）第4步。打开冷却塔,如图4-28为冷却塔的空开,把红色开关向上推即为打开,如图4-29为冷却塔。

 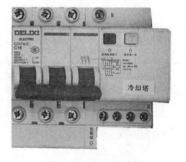

图4-27　空压机　　图4-28　冷却塔空开

（5）第5步。打开 CO_2 灭火器阀门,如图4-30为二氧化碳灭火器。

图4-29　冷却塔　　图4-30　高低温试验箱二氧化碳灭火器

二氧化碳灭火器技术说明有:药剂充装重量为24kg;灭火级别为70B;适用温度范围为 $-10\sim55℃$;灭火器总质量为 $(90\pm3)kg$;水压试验压力为22.5MPa。

(6)第6步。顺时针旋转箱体右侧面板上的电源开关进行开机,即由如图4-31的状态转到图4-32的状态,设备仪表将有显示,开机后可正常看到舱内监控。

图4-31 高低温试验箱电源开关关闭状态　　图4-32 高低温试验箱电源开关打开状态

(7)第7步。设定好超温保护温度值,一般设在样品的安全温度内,或比试验箱运行的工作温度高10℃左右即可,如图4-33所示。

(8)第8步。观察报警灯,其中红色闪烁表示故障报警,橙色表示设备处于待机状态,绿色表示设备正常运行,如图4-34所示。

(9)第9步。环绕设备一圈进行检查,检查气压、水压、设备等是否正常。

图4-33 超温设定界面

a)红色:故障报警　　b)橙色:待机状态　　c)绿色:正常运行

图4-34 高低温试验箱报警灯

(10)第10步。检查测试设备外围安全器材,包括备用灭火器的检查。

(11)第11步。设备开机后进入主画面,点击"进入系统"到运行画面,如图4-35所示。

图4-35 主画面

（12）第 12 步。完成测试设定。

①程序运行。

a. 在运行界面（图 4-36）点击 进入功能选择界面，如图 4-37 所示；点击蓝色的"控制"区，再点击"模式"，如图 4-38 所示。

SP℃：设置试验目标温度值；

SPRH%：设置试验目标湿度值（单温度试验时此选项设为 0）。

b. 进入模式界面（4-39）后，点"程序试验"，确定后点 返回到控制界面。

图 4-36　运行界面

图 4-37　功能选择界面

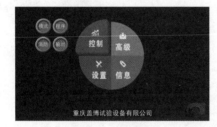

图 4-38　控制界面

图 4-39　模式界面

c. 在控制界面点"程序"进入程序界面，如图 4-40 所示；再点下面的"程序设置"进入程序设置界面。在程序设置界面中先对"程序组号"及"程序名"后面编辑区进行编辑，如图 4-41 所示；程序组号及程序名设定完成后在下面的表格中进行测试程序编辑，包含时间、温度、湿度、PID。编辑程序温度段测试温度值及线性时间和保持时间，段编号单数为线性时间，段编号双数段为保持时间，时间单位为 min。

图 4-40　程序界面

图 4-41　程序设置界面

测试程序编辑完后点下方的"设置内循环"进入设置内循环界面进行内循环次数设定，如图 4-42 所示，设定完成后点 返回程序设置界面。

在程序设置界面点"存盘"进行保存，然后点返回按钮 返回到程序界面。

d. 在程序界面中的"设定程序组号"处选择测试需要用到的程序组号,并点右边的"程序号选择"进入程序选择界面,如图4-43所示;选择完成后返回程序界面,在"设定程序循环次数"处设定测试循环次数,随后点返回按钮直到返回到运行界面。

图4-42 设置内循环界面

图4-43 程序选择界面

② 定值运行。

a. 在模式界面中选定"恒定试验",然后返回图4-36中的运行界面。

b. 在运行界面中设定温度及湿度。

SP℃:设置试验目标温度值;

SPRH%:设置试验目标湿度值(单温度试验时此选项设为0)。

(13)第13步。测试设定完成后返回运行界面,在首页左下角点击开始按钮开始测试,测试开始后报警灯会变成绿色。

(14)第14步。测试开始后在计算机上实时监控测试过程,可以在上面查看测试是否按照设定程序进行,同时在测试过程中对测试数据进行记录,直到测试结束。

(15)第15步。测试结束后关闭所有测试设备及电源,首先关掉测试舱的电源开关,随后关掉其他设备,关闭顺序依次为CO_2、计算机、电源空开、冷却塔空开、压缩机空开等。

(16)第16步。设备全部关闭后,环绕设备一圈进行检查。

(17)第17步。打开舱门,然后移出测试对象。

任务三 盐雾测试

任务要求

通过本任务的学习,你应能:

(1)了解盐雾测试的基本原理;

(2)了解盐雾测试的安全注意事项等;

(3)对电池单体、电池包或系统进行盐雾测试;

(4)对测试结果进行分析。

相关知识

为了检查系统/组件对冬季道路上盐雾和盐水的抵御能力,对电池包或系统进行盐雾测试。其失效模式为盐水渗漏导致的漏电而引起的电气故障。测试对象合格标准为:电池包或系统进行盐雾测试,应无泄漏、外壳破裂、起火或爆炸现象;测试后的绝缘电阻应不小于 $100\Omega/V$。测试所需设备有步入式高低温快速变化湿热试验箱、动力锂电池组能量回馈充放电测试系统等。

一、测试设备

1. 测试箱

测试箱所用的材料应不会影响盐雾的腐蚀效果。测试箱的结构以及提供盐雾的方法可以不同,但是必须满足以下条件:

(1)测试箱内的条件维持在规定的容差内;

(2)测试箱应具备足够大的容积,能提供稳定的、均一的测试条件(不受湍流的影响),且在测试过程中这些条件不受测试的影响;

(3)盐雾不能直接喷射到试样上;

(4)箱顶、箱壁或其他部位聚集的冷凝液不能滴到试样上;

(5)测试箱应排气良好以防止压力升高,确保盐雾分布均匀。排气孔末端应进行风防护,以避免引起测试箱内较强的气流。

2. 喷雾装置

喷雾装置的设计和组成应能够产生细小、湿润、浓密的雾,喷雾装置的材料不能够与盐溶液发生反应。

二、盐雾

1. 盐溶液

盐溶液采用氯化钠和蒸馏水或去离子水配制,其浓度为 $5\% \pm 1\%$(质量分数)。$(35\pm2)℃$ 下测量 pH 值为 $6.5\sim7.2$。喷雾后的溶液不能再次使用。

(1)浓度。

测试所用的盐应当是高品质的氯化钠,干燥时,碘化钠的含量不超过 0.1%,杂质的总含量不超过 0.3%。盐溶液的浓度应为 $5\%\pm1\%$(质量比)。溶液应通过以下的方法制备,将质量为 (5 ± 1) 份的盐溶解在质量为 95 份的蒸馏水或者去离子水中。

(2)pH 值。

温度为 $(35\pm2)℃$ 时,溶液的 pH 值应为 $6.5\sim7.2$。测试时,pH 值应维持在该范围内。在保证氯化钠浓度的前提下,可以使用盐酸或者氢氧化钠调节 pH 值。每一批新配置的溶液都应测量 pH 值。

2. 空气供给

进入喷雾装置的压缩空气应不含任何杂质,如油、灰尘等。应采取措施使压缩空气的湿度和温度达到运行条件的要求。空气压力应适于产生细小、潮湿、密集的雾。为了防止盐沉积堵塞喷雾装置,喷嘴处的空气相对湿度至少为85%。一种可行的方法为:让气流以非常小的气泡形式通过自动维持恒定的热水塔,水温至少为35℃。允许的水温需随着空气流量的增加以及测试箱及其环境热绝缘的降低而增加。且水温不应过高,以免带入测试箱过多水分,也不能超过规定的运行温度。

三、盐雾测试准备

1. 初始检测

试样应进行目视检查,如必要,应按相关标准进行电气或机械性能检测。

2. 预处理

相关标准规定测试前对试样所采用的清洁程序,同时规定是否需要移除保护性涂层。需要注意的是:清洁方法不应影响盐雾对测试的腐蚀影响,且不能引起任何的二次腐蚀;测试前应尽量避免手接触试样表面。

四、测试流程

试样应按正常使用状态进行测试,因此,试样应分为多个批次,每批次按照一种使用状态进行测试。

试样之间不应有接触,也不能与其他金属部件接触,因此应安放好试样以消除部件之间的影响。

注意:试样在测试箱内的位置(即试样表面跟竖直平面的倾斜角)非常重要,位置上非常小的差别可能导致结果差别比较大,取决于试样的形状。

测试箱的温度应维持为(35 ± 2)℃。

1. 测试

测试周期有 16h、24h、48h、96h、168h、336h、672h。

将测试对象放入盐雾箱按图4-44所示循环进行测试,一个循环持续24h。在(35 ± 2)℃环境下对测试对象喷雾8h,然后静置16h,在一个循环的第4h和第5h之间进行低压上电监控。共进行6个循环即最少6天。

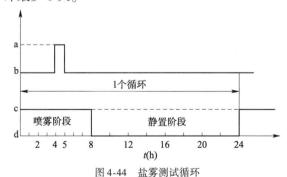

图4-44 盐雾测试循环

t-时间,h;a-低压上电监控;b-接线束完毕,不通电;c-打开(喷盐雾);d-关闭(停喷盐雾)

2. 雾化沉积溶液收集

(1)收集方法。

所有的暴露区域都应维持盐雾条件,用面积为 $80cm^2$ 的器皿在暴露区域的任何一点连续收集至少 16h 的雾化沉积溶液,平均每小时的收集量应在 1~2mL 之间。至少应采用两个收集器皿,器皿放置的位置不应受试样的遮挡,以避免收集到试样上凝结的溶液,器皿内的溶液可用于测试 pH 值和浓度。

(2)浓度和 pH 值的测量应当在下列时间内进行。

①对于连续使用的试验箱,每次测试后都应对测试过程中收集到的溶液进行测量。

②对于不连续使用的试验箱,在测试开始前应进行 16~24h 的试运行。试运行结束后,在试样开始测试之前立即进行测量。

3. 恢复

测试结束后,除非有相应规定,小试样应在自来水下冲洗 5min,然后用蒸馏水或者去离子水冲洗,然后晃动或者用气流干燥去掉水滴。清洗用水的温度不应超过 35℃。如有必要,相关规范应规定较大试样的清洗和干燥方法。试样应在标准恢复条件下放置,且放置 1~2h。

4. 最终检测

试样应进行目视检查,如有必要应按照相关规范进行电气和机械性能检测,记录测试结果。应注意保证剩余的盐沉积不能破坏测量结果的重复性。

5. 数据记录及测试报告(表 4-11、表 4-12)

报告中应包含比较试样所需要的信息。另外,还应包含试样暴露周期和在测试箱内的位置。报告中还应包含浓度和 pH 值的测量值。

盐雾测试绝缘电阻记录表　　　　　　　　表 4-11

测量项目	负极到壳体	正极到壳体
测试前绝缘电阻值		
测试后绝缘电阻值		

盐雾测试数据记录表　　　　　　　　表 4-12

序　号	时　间	浓　度 1	浓　度 2	pH1	pH2

五、盐雾测试操作步骤

(1)第 1 步。将电源线、空压管道连接至机台后方。

(2)第 2 步。连接排水管及排气管。

(3)第 3 步。将密封水槽加水至垫板位置,配制盐溶液。盐溶液采用氯化钠(化学纯、分析纯)和蒸馏水或去离子水配制,其浓度为 5% ±1%(质量分数)。(35 ±2)℃环境下测量 pH 值为 6.5~7.2。

①加入9.5L纯净蒸馏水,测试其pH值是否为6.5~7.2。pH值如大于7.2,则加入少许冰醋酸;pH值如小于6.5,则加入少许氢氧化钠(一般使用纯水并不需要量测)。

②加入500g氯化钠,搅拌均匀。

(4) 第4步。将盐水倒入盐液补充瓶,即自动填充盐水进入试验室内预热槽,使药水流至盐水预热槽,经济型15L,标准型30L。

(5) 第5步。放入测试对象,之后关闭舱门(舱门把手在一条斜的直线上)。原则上测试对象应不超过工作室内水平截面积的三分之一,以免阻塞通风道;放置试件时不能碰撞箱门及箱体;试件的重量不能超过搁板的承重。

(6) 第6步。打开测试舱的总电源开关,如图4-45所示,把红色开关向上推即为打开,向下拉即为关。

(7) 第7步。开启空压机及冷却塔,如图4-46、图4-47所示。

图4-45 盐雾箱总电源

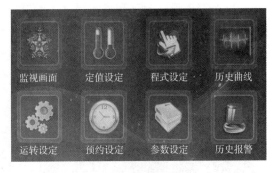

图4-46 主界面

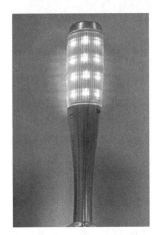

a) 红色:故障报警

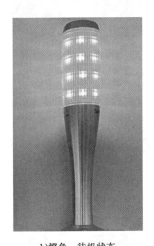

b) 橙色:待机状态

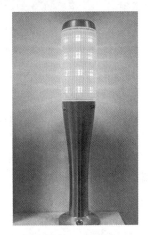

c) 绿色:正常运行

图4-47 盐雾试验箱报警灯

(8) 第8步。打开CO_2灭火器阀门。

(9) 第9步。测试舱开机,顺时针旋转箱体左侧面板上的电源开关进行开机,开机后控制面板上会显示主界面,如图4-46所示。

(10) 第10步。观察报警灯状态,其中红色闪烁表示故障报警,橙色表示设备处于待机状态,绿色表示设备正常运行,如图4-47所示。

(11)第11步:环绕设备一圈进行检查,检查气压、水压、设备等是否正常。

(12)第12步:检查测试设备外围安全器材,包括备用灭火器。

(13)第13步:设定操作面板超温仪表保护温度值,建议设定值高于目标温度值5~10℃。

(14)第14步:设定测试运行方式。

①定值运行。

a. 选择运行模式(盐雾模式/湿热模式):在图4-46主界面点"运转设定"进入运转设定界面,在"运行设定1"界面中运行方式区域选择"定值",如图4-48所示;然后点右上角"后画面"进入运行设定2界面,如图4-49所示,在该界面进行温度、湿度、饱和度、待机的设置,设置完成后返回到主界面。其中,运行方式可选择程式或定值;待机设定为是否待机;温度区域为待机温度;湿度区域为待机湿度;待机时间为设定待机时间;饱和区域为饱和区域待机温度。湿度为当前设定湿度和显示湿度;饱和桶为当前饱和桶设定温度和显示温度;温度为当前湿度设定(有湿度控制)和显示;喷雾关闭可选择周期喷雾和连续喷雾;手动停机为手动停机时不受时间的控制,只能手动停机;排雾按键可随时除雾;启动来控制程序启动与停止。

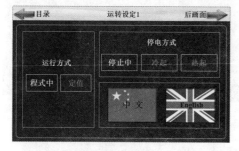

图4-48 控制界面　　　　　　图4-49 模式界面

b. 返回主界面后,点"定值设定"进入定值设定界面。在定值设定界面设定定值停机,有4种停机时间设定;选择计时方式,有温度倒计时和立即计时两种;在右下区域依次设定温度、湿度及饱和桶的设定(包括斜率的设定),如图4-50所示。

c. 返回主界面,点"监控画面",进入定值监控界面后点右下角的"启动"开始测试,如图4-51所示,定值运行中的画面如图4-52、图4-53所示,测试完成后点右下角的"停止"以停止试验。其中,目录为返回目录画面;切换为切换下一画面;停止为停止当前程序运行;出力为温度PID控制输出;力度为IS/T/TW/TH:表示当前运行监控;PID编号为当前控制所用的PID参数组。

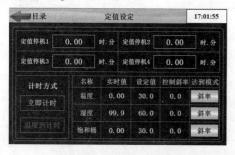
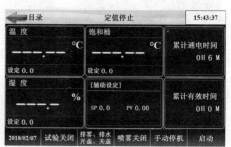

图4-50 定值设定界面　　　　　　图4-51 定值停止画面

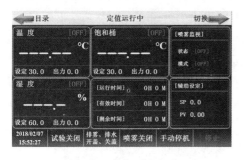 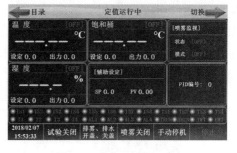

图 4-52　定值运行画面　　　　　　　　图 4-53　定值运行详细画面

②程序运行。

a. 选择运行模式(盐雾模式/湿热模式),在图 4-46 主界面点"运转设定"进入运转设定界面,在运行设定 1 界面中运行方式区域选择"程式中"进入程序运行模式,如图 4-48 所示;然后点右上角"切换"进入运行设定 2 界面,如图 4-49 所示,在该界面进行相应的设置,设置完成后返回到主界面。

b. 返回主界面,点"程式设定"进入程式设定界面,如图 4-54 所示。

c. 在程式设定界面点"试验标题"进入试验名称设定界面,如图 4-55 所示,对各程式组编号后面的名称进行设置,不同的程式用不同的程式组编号和名称进行区分,编辑完成后返回程式设定界面。

 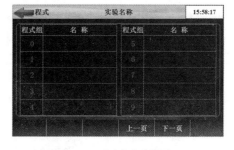

图 4-54　程式设定界面　　　　　　　　图 4-55　试验名称编辑界面

d. 在程式设定界面点"程式编辑"进入程式编辑界面,如图 4-56 所示。编辑步骤为:设定程式编号,为此次测试所程序设定一个编号;进行程式编辑,分别对温度列、湿度列、饱和桶及时间进行编辑,对试验列、喷雾列、排雾及排水进行设置,段编号单数为线性时间,段编号双数为保持时间,时间单位为 min。编辑完成后返回程式设定界面。

界面中,段号为显示当前编辑的段号;温度为每段设定的温度;湿度为每段设定的湿度;饱和桶为每段设定的温度;时、分为设定时间;配方编号为当前设定的配方编号;上一页为上一页温湿度设定;下一页为下一页温湿度设定;程式编号为设置要循环程序的程序编号;全部循环为设置程序的循环运转次数,为 0 时无限循环;开始段号为已设置程序中,设置部分段循环运行开始的程序段;结束段号为已设置程序中,设置部分段循环运行结束的程序段,小于 0 时不循环;循环次数为已设置程序中,设置部分段循环运行的循环次数,小于 0 时不循环;连接到为当前程序运行结束后要连续运行程序的编号。

e. 在程式设定界面点"循环编辑"进入循环编辑界面,如图 4-57 所示。编辑步骤为:在"程式编号"处选择测试所需的程式编号。在"全部循环"处设定测试循环次数,如果该测试不需要用完整的程式循环进行测试,而只需要用到程式的一部分(其中一段程序)进行循环测试,则在下面的"部分循环"区域进行设定,分别对"开始段号""结束段号"及"循环次数"进行设定;点"参数确定"。点"参数上传"。示例见表4-13。

图4-56 程式编辑界面

图4-57 循环编辑界面

表4-13 循环编辑举例说明

设 定 举 例	程序进行顺序
程式编号 2　　标题 3号程序 全部循环 2　　连接到 3	程序1运行一次后再运行程序2; 程序1→程序2
程式编号 2　　标题 3号程序 全部循环 2　　连接到 3	程序2运行两次后再运行程序3; 程序2→程序2→程序3
程式编号 3　　标题 4号程序 全部循环 3　　连接到 0	程序3运行三次后停止运行; 程序3→程序3→程序3→程序结束

f. 返回主界面,点"监控画面",进入程式监控界面后点右下角的"启动"开始测试,如图4-58所示,程式运行中的画面如图4-59、图4-60所示,测试完成后点右下角的"停止"以停止试验。

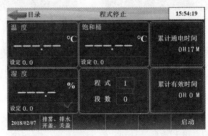

图4-58 程式停止界面

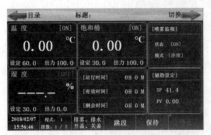

图4-59 程式运行界面1

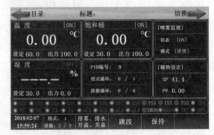

图4-60 程式运行界面2

电池组安全性能检测技术 项目四

任务四　其他安全性能测试

任务要求

通过本任务的学习,你应能:
(1) 了解各项安全性能测试的安全要求等;
(2) 对电池单体、电池包或系统进行各项安全性能测试;
(3) 对测试结果数据分析及处理。

相关知识

新能源汽车电池的安全性测试除了高低温、盐雾,还有过放电、过充电、外部短路、挤压、振动、浸水、机械冲击、模拟碰撞、外部火烧、高海拔、过温保护、过流保护、外部短路保护、过充电保护、过放电保护等。

所有安全测试均在有充分安全保护的环境条件下进行。如果测试对象有附加主动保护线路或装置,应除去。

一、过放电

对电池单体进行过放电测试。测试对象合格标准为:电池单体进行过放电测试,应不起火、不爆炸。测试所需设备有动力锂电池组能量回馈充放电测试系统等。

1. 预充电

电池单体先以测试对象规定且不小于 $1I_3$ 的电流放电至测试对象技术条件中规定的放电终止电压,搁置 1h(或测试对象提供的不大于 1h 的搁置时间),然后按测试对象提供的充电方法进行充电,充电后搁置 1h(或测试对象提供的不大于 1h 的搁置时间)。

若测试对象未提供充电方法,则由检测机构和测试对象协商确定合适的充电方法,或依据如下方法充电:以测试对象规定且不小于 $1I_3$ 的电流恒流充电至电池单体达测试对象技术条件中规定的充电终止电压时转恒压充电,至充电电流降至 $0.05I_1$ 时停止充电,充电后搁置 1h(或测试对象提供的不大于 1h 的搁置时间)。

2. 测试

以 $1I_1$ 电流放电 90min。完成以上测试后,在测试环境温度下观察 1h。

3. 测试过程数据记录及数据处理(表 4-14、表 4-15)

过放电测试充电数据记录　　　　　　　　　　表 4-14

序 号	时 间	充电电流	电池电压	电池电量

过放电测试放电数据记录　　　　　　　　　　表 4-15

序 号	时 间	放电电流	电池电压	电池电量

二、过充电

对电池单体进行过充电测试。测试对象合格标准为:电池单体进行过充电测试,应不起火、不爆炸。测试所需设备有动力锂电池组能量回馈充放电测试系统等。

1. 预充电

电池单体先以测试对象规定且不小于 $1I_3$ 的电流放电至测试对象技术条件中规定的放电终止电压,搁置 1h(或测试对象提供的不大于 1h 的搁置时间),然后按测试对象提供的充电方法进行充电,充电后搁置 1h(或测试对象提供的不大于 1h 的搁置时间)。

若测试对象未提供充电方法,则由检测机构和测试对象协商确定合适的充电方法,或依据如下方法充电:以测试对象规定且不小于 $1I_3$ 的电流恒流充电至电池单体达测试对象技术条件中规定的充电终止电压时转恒压充电,至充电电流降至 $0.05I_1$ 时停止充电,充电后搁置 1h(或测试对象提供的不大于 1h 的搁置时间)。

2. 测试

以测试对象规定且不小于 $1I_3$ 的电流恒流充电至测试对象规定的充电终止电压的 1.1 倍或 115% SOC 后,停止充电。完成以上测试步骤后,在测试环境温度下观察 1h。

3. 测试过程数据记录及数据处理(表 4-16、表 4-17)

过充电测试预处理充电数据记录　　　　　　　　表 4-16

序 号	时 间	充电电流	电池电压	电池电量

过充电测试过充电数据记录　　　　　　　　　　表 4-17

序 号	时 间	充电电流	电池电压	电池电量

三、外部短路

对电池单体进行外部短路测试。测试对象合格标准为:电池单体进行外部短路测试,应不起火、不爆炸。测试所需设备有动力锂电池组能量回馈充放电测试系统等。

1. 预充电

电池单体先以测试对象规定且不小于 $1I_3$ 的电流放电至测试对象技术条件中规定的放电终止电压,搁置1h(或测试对象提供的不大于1h的搁置时间),然后按测试对象提供的充电方法进行充电,充电后搁置1h(或测试对象提供的不大于1h的搁置时间)。

若测试对象未提供充电方法,则由检测机构和测试对象协商确定合适的充电方法,或依据如下方法充电:以测试对象规定且不小于 $1I_3$ 的电流恒流充电至电池单体达测试对象技术条件中规定的充电终止电压时转恒压充电,至充电电流降至 $0.05I_1$ 时停止充电,充电后搁置1h(或测试对象提供的不大于1h的搁置时间)。

2. 测试

将测试对象正极端子和负极端子经外部短路10min,外部线路电阻应小于 $5m\Omega$。完成以上测试步骤后,在测试环境温度下观察1h。

3. 测试过程数据记录及数据处理(表4-18、表4-19)

外部短路测试充电数据记录　　　　　　　　　　　表4-18

序　　号	时　　间	充电电流	电池电压	电池电量

外部短路测试外部线路电阻记录　　　　　　　　　表4-19

测试项目	测 试 前	测 试 后
外部线路电阻		

四、挤压

1. 电池单体挤压测试

对电池单体进行挤压测试。测试对象合格标准为:电池单体进行挤压测试,应不起火、不爆炸。

(1)预充电。

电池单体先以测试对象规定且不小于 $1I_3$ 的电流放电至测试对象技术条件中规定的放电终止电压,搁置1h(或测试对象提供的不大于1h的搁置时间),然后按测试对象提供的充电方法进行充电,充电后搁置1h(或测试对象提供的不大于1h的搁置时间)。

若测试对象未提供充电方法,则由检测机构和测试对象协商确定合适的充电方法,或依据如下方法充电:以测试对象规定且不小于 $1I_3$ 的电流恒流充电至电池单体达测试对象技术条件中规定的充电终止电压时转恒压充电,至充电电流降至 $0.05I_1$ 时停止充电,充电后搁置1h(或测试对象提供的不大于1h的搁置时间)。

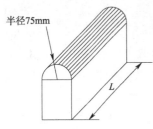

图4-61 挤压板形式示意图

(2)测试。

按下列条件进行测试。

①挤压方向:垂直于电池单体极板方向施压,或与电池单体在整车布局上最容易受到挤压的方向相同。

②挤压板形式:半径75mm的半圆柱体,半圆柱体的长度(L)大于被挤压电池单体的尺寸,如图4-61所示。

③挤压速度:不大于2mm/s。

④挤压程度:电压达到0V或变形量达到15%或挤压力达到100kN或1000倍测试对象重量后停止挤压。

⑤保持10min。

完成以上测试步骤后,在测试环境温度下观察1h。

(3)测试过程数据记录及数据处理(表4-20)。

电池单体挤压测试数据记录   表4-20

序 号	时 间	电 压	变 形 量	挤 压 力

2. 电池包或系统挤压测试

对电池包或系统进行挤压测试。测试对象合格标准为:电池包或系统进行挤压测试,应不起火、不爆炸。

(1)测试。

按下列条件进行测试。

①挤压板形式(选择两种挤压板中的一种):挤压板如图4-61所示,半径75mm的半圆柱体,半圆柱体的长度(L)大于测试对象的高度,但不超过1m;挤压板如图4-62所示,尺寸为600mm×600mm(长×宽)或更小,三个半圆柱体半径为75mm,半圆柱体间距30mm。

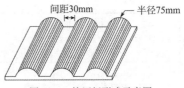

图4-62 挤压板形式示意图

②挤压方向:x方向和y方向(汽车行驶方向为x轴方向,另一垂直于行驶方向的水平方向为y轴方向),为保护测试操作安全,可分开在两个测试对象上执行测试。

③挤压速度:不大于2mm/s。

④挤压程度:挤压力达到100kN或挤压变形量达到挤压方向整体尺寸的30%时停止挤压。

⑤保持10min。

完成以上测试步骤后,在测试环境温度下观察2h。

(2)测试过程数据记录及数据处理(表4-21)。

电池包或系统挤压测试数据记录   表4-21

序 号	时 间	SOC	变 形 量	挤 压 力

五、振动

对电池包或系统进行过放电测试。测试对象合格标准为:电池包或系统进行振动测试,应无泄漏、外壳破裂、起火或爆炸现象,且不触发异常终止条件。测试后的绝缘电阻应不小于 $100\Omega/V$。

1. 测试准备

为保护测试操作人员和实验室安全,测试人员在测试前应确认作为异常终止条件的电压锐变限值。测试开始前,将测试对象的 SOC 状态调至不低于测试对象规定的正常 SOC 工作范围的 50%。

2. 测试

按照测试对象车辆安装位置和 GB/T 2423.43 的要求,将测试对象安装在振动台上。每个方向分别施加随机和定频振动载荷,加载顺序宜为 z 轴随机、z 轴定频、y 轴随机、y 轴定频、x 轴随机、x 轴定频(汽车行驶方向为 x 轴方向,另一垂直于行驶方向的水平方向为 y 轴方向)。检测机构也可自行选择顺序,以缩短转换时间。测试过程参照 GB/T 2423.56 进行。

对于装载在除 M_1、N_1 类以外车辆上的电池包或系统,振动测试参数按照表 4-22 和图 4-63 进行,对于测试对象存在多个安装方向($x/y/z$)时,按照 RMS 大的安装方向进行测试。对于安装在车辆顶部的电池包或系统,按照测试对象提供的不低于表 4-23 和图 4-63 的振动测试参数开展振动测试。

对于装载在 M_1、N_1 类车辆上的电池包或系统,振动测试参数按照表 4-22 和图 4-64 进行。

M_1、N_1 类车辆电池包或系统的振动测试条件　　　表 4-22

随机振动(每个方向测试时间为12h)			
频率 (Hz)	z 轴功率谱密度(PSD) (g^2/Hz)	y 轴功率谱密度(PSD) (g^2/Hz)	x 轴功率谱密度(PSD) (g^2/Hz)
5	0.015	0.002	0.006
10	—	0.005	—
15	0.015	—	—
20	—	0.005	—
30	—	—	0.006
65	0.001	—	—
100	0.001	—	—
200	0.0001	0.000 15	0.000 03
RMS	z 轴 0.64g	y 轴 0.45g	x 轴 0.50g
正弦定频振动(每个方向测试时间为1h)			
频率 (Hz)	z 轴定频幅值	y 轴定频幅值	x 轴定频幅值
24	±1.5g	±1.0g	±1.0g

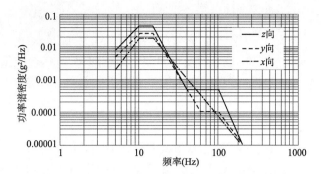

图 4-63 除 M_1、N_1 类以外的车辆电池包或系统随机振动测试曲线

除 M_1、N_1 类以外的车辆电池包或系统的振动测试条件　　　表 4-23

随机振动(每个方向测试时间为 12h)			
频率 (Hz)	z 轴功率谱密度(PSD) (g^2/Hz)	y 轴功率谱密度(PSD) (g^2/Hz)	x 轴功率谱密度(PSD) (g^2/Hz)
5	0.008	0.025	0.002
10	0.042	0.025	0.018
15	0.042	0.025	0.018
40	0.0005	—	—
60	—	0.000 1	—
100	0.0005	0.000 1	—
200	0.000 01	0.000 01	0.000 01
RMS	z 轴 0.73g	y 轴 0.57g	x 轴 0.52g
正弦定频振动(每个方向测试时间为 2h)			
频率 (Hz)	z 轴定频幅值	y 轴定频幅值	x 轴定频幅值
20	±1.5g	±1.5g	±2.0g

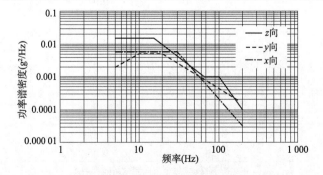

图 4-64 M_1、N_1 类车辆电池包或系统随机振动测试曲线

测试过程中,监控测试对象内部最小监控单元的状态,如电压和温度等。
完成以上测试步骤后,在测试环境温度下观察 2h。

3. 测试过程数据记录及数据处理(表4-24、表4-25)

振动测试数据记录表(1)　　　　　　　　　　　　　表4-24

测试前电量SOC				
测试项目	负极到壳体		正极到壳体	
测试前绝缘电阻值				
测试后绝缘电阻值				

振动测试数据记录表(2)　　　　　　　　　　　　　表4-25

序　号	时　间	温　度	电　压

六、浸水

对通过振动测试后的电池包或系统进行浸水测试。

测试对象合格应满足如下要求之一:按测试方式一进行,应不起火、不爆炸;按测试方式二进行,测试后需满足IPX7要求,应无泄漏、外壳破裂、起火或爆炸现象。测试后的绝缘电阻应不小于100Ω/V。

1. 测试

测试对象按照整车连接方式连接好线束、接插件等零部件,选择以下两种方式中的一种进行测试。

(1)测试对象以实车装配方向置于3.5%(质量分数)氯化钠溶液中2h,水深要足以淹没测试对象;

(2)测试对象按照测试对象规定的安装状态全部浸入水中。对于高度小于850mm的测试对象,其最低点应低于水面1000mm;对于高度等于或大于850mm的测试对象,其最高点应低于水面150mm。测试持续时间30min。水温与测试对象温差不大于5℃。

将电池包取出水面,在测试环境温度下静置2h并观察。

2. 测试过程数据记录及数据处理(表4-26、表4-27)

浸水测试数据记录表(1)　　　　　　　　　　　　　表4-26

氯化钠溶液浓度				
测试项目	负极到壳体		正极到壳体	
测试前绝缘电阻值				
测试后绝缘电阻值				

浸水测试数据记录表(2)　　　　　　　　　　　　　表4-27

序　号	时　间	电池温度	水　温

七、机械冲击

对电池包或系统进行机械冲击测试。测试对象合格标准为:电池包或系统进行机械冲击测试,应无泄漏、外壳破裂、起火或爆炸现象。测试后的绝缘电阻应不小于100Ω/V。

1. 测试

对测试对象施加表4-28规定的半正弦冲击波,±z方向各6次,共计12次。半正弦冲击波最大、最小容差允许范围如表4-29和图4-65所示。相邻两次冲击的间隔时间以两次冲击在测试样品上造成的响应不发生相互影响为准,一般应不小于5倍冲击脉冲持续时间。完成以上测试步骤后,在测试环境温度下观察2h。

机械冲击测试参数　　　　　　　　　　　　　表4-28

测 试 程 序	参 数 要 求
冲击波形	半正弦波
测试方向	±z
加速度值	7g
脉冲时间(ms)	6
冲击次数	正负方向各6次

机械冲击脉冲容差范围　　　　　　　　　　　表4-29

点	脉宽(ms)	±z方向加速度值
A	1.00	0
B	2.94	5.95g
C	3.06	5.95g
D	5.00	0
E	0	2.68g
F	2.00	8.05g
G	4.00	8.05g
H	7.00	0

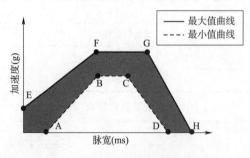

图4-65　机械冲击脉冲容差范围示意图

2. 测试过程数据记录及数据处理(表4-30)

机械冲击测试数据记录表　　　　　　　　　　　　　表4-30

测 试 项 目	负极到壳体		正极到壳体
测试前绝缘电阻值			
测试后绝缘电阻值			

八、模拟碰撞

对电池包或系统进行模拟碰撞测试。测试对象合格标准为：电池包或系统进行模拟碰撞测试，应无泄漏、外壳破裂、起火或爆炸现象。测试后的绝缘电阻应不小于100Ω/V。

1. 测试

按照测试对象车辆安装位置和GB/T 2423.43的要求，将测试对象水平安装在带有支架的台车上。根据测试对象的使用环境给台车施加规定的脉冲，并落在表4-31和图4-66最大、最小容差允许范围内（汽车行驶方向为 x 轴方向，另一垂直于行驶方向的水平方向为 y 轴方向）。对于测试对象存在多个安装方向（$x/y/z$）时，按照加速度大的安装方向进行测试。

完成以上测试步骤后，在测试环境温度下观察2h。

模拟碰撞脉冲容差范围　　　　　　　　　　　　　表4-31

点	脉宽 (ms)	≤3.5t (整车整备质量)		3.5~7.5t (整车整备质量)		≥7.5t (整车整备质量)	
		x 方向 加速度	y 方向 加速度	x 方向 加速度	y 方向 加速度	x 方向 加速度	y 方向加速度
A	20	0g	0g	0g	A	20	0g
B	50	20g	8g	10g	B	50	20g
C	65	20g	8g	10g	C	65	20g
D	100	0g	0g	0g	D	100	0g
E	0	10g	4.5g	5g	E	0	10g
F	50	28g	15g	17g	F	50	28g
G	80	28g	15g	17g	G	80	28g
H	120	0g	0g	0g	H	120	0g

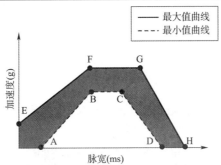

图4-66　模拟碰撞脉冲容差范围示意图

2. 测试过程数据记录及数据处理(表4-32)

模拟碰撞测试数据记录表　　　　　　　　表4-32

测试项目	负极到壳体			正极到壳体
测试前绝缘电阻值				
测试后绝缘电阻值				

九、外部火烧

对电池包或系统进行外部火烧测试。测试对象合格标准为：电池包或系统进行外部火烧测试，应不爆炸。

1. 测试准备

测试环境温度为0℃以上，风速不大于2.5km/h。测试中，盛放汽油的平盘尺寸超过测试对象水平投影尺寸20cm，不超过50cm。平盘高度不高于汽油表面8cm。测试对象应居中放置。汽油液面与测试对象底部的距离设定为50cm，或者为车辆空载状态下测试对象底面的离地高度。平盘底层注入水。外部火烧示意图如图4-67所示。

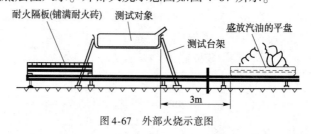

图4-67　外部火烧示意图

2. 测试

外部火烧测试分为以下4个阶段。

①预热。在离测试对象至少3m远的地方点燃汽油，经过60s的预热后，将油盘置于测试对象下方。如果油盘尺寸太大无法移动，可以采用移动测试对象和支架的方式。

②直接燃烧。测试对象直接暴露在火焰下70s。

③间接燃烧。将耐火隔板盖在油盘上。测试对象在该状态下测试60s。或经双方协商同意，继续直接暴露在火焰中60s。耐火隔板由标准耐火砖拼成，具体筛孔尺寸如图4-68所示，也可以用耐火材料参考此尺寸制作。

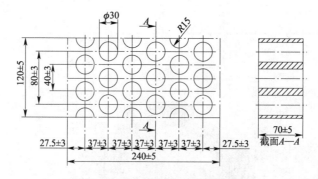

图4-68　耐火隔板的尺寸和技术数据

耐火性：SK30；成分：30%～33% Al_2O_3；密度：1900～2000kg/m³；有效孔面积：44.18%；开孔率：20%～22%体积比

④离开火源。将油盘或者测试对象移开,在测试环境温度下观察2h或测试对象外表温度降至45℃以下。

3. 测试过程数据记录及数据处理(表4-33、表4-34)

外部火烧测试绝缘电阻数据记录表　　　　　　　　　　　表4-33

测试项目	负极到壳体			正极到壳体
测试前绝缘电阻值				
测试后绝缘电阻值				

外部火烧测试温度记录表　　　　　　　　　　　表4-34

时间				
温度				

十、高海拔

对电池包或系统进行高海拔测试。测试对象合格标准为:电池包或系统进行高海拔测试,应无泄漏、外壳破裂、起火或爆炸现象,且不触发异常终止条件。测试后的绝缘电阻应不小于100Ω/V。

为保护测试操作人员和实验室安全,测试人员在测试前应确认作为异常终止条件的电压锐变限值。

测试环境为:气压条件为61.2kPa(模拟海拔高度为4000m的气压条件),温度为测试环境温度。

1. 测试

保持如上测试环境,搁置5h。

搁置结束后,保持测试环境,对测试对象按测试对象规定的且不小于$1I_3$的电流放电至测试对象规定的放电截止条件。

完成以上测试步骤后,在测试环境温度下观察2h。

2. 测试过程数据记录及数据处理(表4-35、表4-36)

高海拔测试绝缘电阻数据记录表　　　　　　　　　　　表4-35

测试项目	负极到壳体			正极到壳体
测试前绝缘电阻值				
测试后绝缘电阻值				

高海拔测试放电数据记录表　　　　　　　　　　　表4-36

序　号	时　间	放电电流	电池电压	电池电量

十一、过温保护

对系统进行过温保护测试。测试对象合格标准为:电池系统进行过温测试,应无泄漏、外壳破裂、起火或爆炸现象,且不触发异常终止条件。测试后的绝缘电阻应不小于 $100\Omega/V$。

为保护测试操作人员和实验室安全,测试人员在测试前应确认作为异常终止条件的电压锐变限值。

1. 测试

在测试开始时,影响测试对象功能并与测试结果相关的所有保护设备都应处于正常运行状态,冷却系统除外。

测试对象应由外部充放电设备进行连续充电和放电,使电流在电池系统测试对象规定的正常工作范围内尽可能快地升高电池的温度,直到测试结束。

室内或温度箱的温度应从 (20 ± 10)℃ 或更高的温度(如果电池系统制造商要求)开始逐渐升高,直到达到根据①或②(如适用)确定的温度,然后保持在等于或高于此温度,直到测试结束。

①当电池系统具有内部过热保护措施时,应提高到电池系统制造商定义为这种保护措施的工作温度阈值的温度,以确保测试对象的温度将按照上面的规定升高。

②如果电池系统没有配备任何具体的内部过热防护措施,那么应将温度升高到电池系统制造商规定的最高工作温度。

2. 测试结束判断

当测试符合以下任一条件时,结束测试。

①测试对象自动终止或限制充电或放电;

②测试对象发出终止或限制充电或放电的信号;

③测试对象的温度稳定,温度变化在 2h 内小于 4℃。

完成以上测试步骤后,在测试环境温度下观察 1h。

3. 测试过程数据记录及数据处理(表 4-37、表 4-38)

过温保护测试绝缘电阻测试数据　　　　表 4-37

测试项目	负极到壳体	正极到壳体
测试前绝缘电阻值		
测试后绝缘电阻值		

过温保护测试数据记录　　　　表 4-38

序号	时间	充/放电电流(用正负区分)	电池电压	电池电量	电池温度	环境温度

十二、过流保护

对可由外部直流电源供电的电池系统进行过流保护测试。测试对象合格标准为:电池系统进行过流保护测试,应无泄漏、外壳破裂、起火或爆炸现象,且不触发异常终止条件。测试后的绝缘电阻应不小于 $100\Omega/V$。

为保护测试操作人员和实验室安全,测试人员在测试前应确认作为异常终止条件的电压锐变限值。

1. 测试条件

①测试应在(20±10)℃的环境温度下进行;

②按照电池系统制造商推荐的正常操作(如使用外部充放电设备),调整测试对象的 SOC 到正常工作范围的中间部分,只要电池系统能够正常运行,可不需要精确的调整;

③与电池系统制造商协商确定可以施加的过电流(假设外部直流供电设备的故障)和最大电压(在正常范围内)。

2. 过电流测试

连接外部直流供电设备,改变或禁用充电控制通信,以允许通过与电池系统制造商协商确定的过电流水平。

启动外部直流供电设备,对电池系统进行充电,以达到电池系统制造商规定的最高正常充电电流。然后,将电流在 5s 内从最高正常充电电流增加到上面测试条件中所述的过电流水平,并继续进行充电。

当测试符合以下任一条件时,结束测试。

①测试对象自动终止充电电流;

②测试对象发出终止充电电流的信号;

③测试对象的温度稳定,温度变化在 2h 内小于 4℃。

完成以上测试步骤后,在测试环境温度下观察 1h。

3. 测试过程数据记录及数据处理(表4-39~表4-41)

过流保护测试条件数据记录　　　　　　　　　　　表4-39

初始电路	调整后电量	协商可以施加的过电流值	可以施加的过电流最大电压值

过流保护测试绝缘电阻测试数据　　　　　　　　　　表4-40

测试项目	负极到壳体		正极到壳体
测试前绝缘电阻值			
测试后绝缘电阻值			

过流保护测试数据记录　　　　　　　　　　　　　表4-41

序号	时间	充电电流	电池电压	电池电量	电池温度	终止(信号)

十三、外部短路保护

对电池系统进行外部短路保护测试。测试对象合格标准为:电池系统进行外部短路保护测试,应无泄漏、外壳破裂、起火或爆炸现象。测试后的绝缘电阻应不小于 100Ω/V。

1. 测试条件

测试应在(20±10)℃的环境温度或更高温度(如果电池系统制造商要求)下进行;在测试开始时,影响测试对象功能并与测试结果相关的所有保护设备都应处于正常运行状态。

2. 外部短路测试

在开始测试时,用于充电和放电的相关主要接触器都应闭合(如电池系统回路中包含的相关继电器),来表示可行车模式以及允许外部充电的模式。如果这不能在单次测试中完成,则应进行两次或更多次测试。

将测试对象的正极端子和负极端子相互连接。短路电阻不超过5mΩ。

保持短路状态,直至符合以下任一条件时,结束测试。

①测试对象的保护功能起作用,并终止短路电流;

②测试对象外壳温度稳定(温度变化在2h内小于4℃)后,继续短路至少1h。

完成以上测试步骤后,在测试环境温度下观察1h。

3. 测试过程数据记录及数据处理(表4-42、表4-43)

外部短路保护测试绝缘电阻测试数据 表4-42

短路电阻		
测试项目	负极到壳体	正极到壳体
测试前绝缘电阻值		
测试后绝缘电阻值		

外部短路保护测试数据记录 表4-43

序号	时间	环境温度	电池温度	保护功能是否起作用

十四、过充电保护

对电池系统进行过充电保护测试。测试对象合格标准为:电池系统进行过充电保护测试,应无泄漏、外壳破裂、起火或爆炸现象,且不触发异常终止条件。测试后的绝缘电阻应不小于100Ω/V。

为保护测试操作人员和实验室安全,测试人员在测试前应确认作为异常终止条件的电压锐变限值。

1. 测试条件

①测试应在(20±10)℃的环境温度或更高温度(如果电池系统制造商要求)下进行。

②按照电池系统制造商推荐的正常操作(如使用外部充放电设备),调整测试对象的SOC到正常工作范围的中间部分。只要测试对象能够正常运行,可不需要精确的调整。

③在试验开始时,影响试验对象功能并与试验结果相关的所有保护设备都应处于正常运行状态。用于充电的所有相关的主要接触器都应闭合(如电池系统回路中包含的相关继电器)。

2. 过充电测试

①外部充电设备应连接到试验对象的主端子。外部充电设备的充电控制限制应禁用。

②试验对象应由外部充电设备在电池系统制造商许可的用时最短的充电策略下进行充电。

充电应持续进行,直至符合以下任一条件时,结束试验:

①试验对象自动终止充电电流。

②试验对象发出终止充电电流的信号。

③当测试对象的过充电保护控制未起作用,或者如果没有所述的功能。继续充电,使得测试对象温度超过电池系统制造商定义的最高工作温度再加10℃的温度值。

④充电电流未终止且测试对象温度低于最高工作温度再加10℃的温度值时,充电应持续12h。

完成以上测试步骤后,在测试环境温度下观察1h。

3. 测试过程数据记录及数据处理（表4-44～表4-46）

过充电保护测试条件数据记录　　　　　　　表4-44

初 始 电 路	调整后电量	环 境 温 度

过充电保护测试绝缘电阻测试数据　　　　　　　表4-45

测试项目	负极到壳体	正极到壳体
测试前绝缘电阻值		
测试后绝缘电阻值		

过充电保护测试充电数据　　　　　　　表4-46

序　号	时　间	充电电流	电池电压	电池电量	电池温度	终止(信号)

十五、过放电保护

对电池系统进行过放电保护测试。测试对象合格标准为:电池系统进行过放电保护测试,应无泄漏、外壳破裂、起火或爆炸现象,且不触发异常终止条件。测试后的绝缘电阻应不小于$100\Omega/V$。

1. 测试条件

测试应在(20 ± 10)℃的环境温度或更高温度(如果电池系统制造商要求)下进行。

按照电池系统制造商推荐的正常操作(如使用外部充放电设备),调整测试对象的SOC到较低水平,但应在正常的工作范围内。只要测试对象能够正常运行,可不需要精确的调整。

在测试开始时,影响测试对象功能并与测试结果相关的所有保护设备都应处于正常运行状态。用于放电的所有相关的主要接触器都应闭合(如电池系统回路中包含的相关继电器)。

2. 过放电测试

外部放电设备应连接到测试对象的主端子;应与电池系统制造商协商,在规定的正常工作范围内以稳定的电流进行放电。放电应持续进行,直至符合以下任一条件时,结束测试。

①测试对象自动终止放电电流;

②测试对象发出终止放电电流的信号;

③当测试对象的自动中断功能未起作用,或者没有所述的功能,则应继续放电,使得测试对象放电到其额定电压的 25% 为止;

④测试对象的温度稳定,温度变化在 2h 内小于 4℃。

完成以上测试步骤后,在测试环境温度下观察 1h。

3. 测试过程数据记录及数据处理(表 4-47 ~ 表 4-49)

表 4-47 过放电保护测试条件数据记录

初 始 电 路	调整后电量	环 境 温 度

表 4-48 过放电保护测试绝缘电阻测试数据

测试项目	负极到壳体			正极到壳体
测试前绝缘电阻值				
测试后绝缘电阻值				

表 4-49 过放电保护测试充电数据

序 号	时 间	充电电流	电池电压	电池电量	电池温度	终止(信号)

十六、充放电测试操作步骤

(1)开启设备电源、计算机电源,如图 4-69 所示为充放电控制面板,左边绿色按钮用于打开电源,右边红色按钮用于关闭电源。

图 4-69 充放电控制面板

(2)环绕设备一圈检查相关设备及附件是否正常。

(3)连接测试设备与电池单体/电池包/电池系统。

①连接设备接口的正负极与电池单体/电池包/电池系统总电源的正负极,如图 4-70 所示。

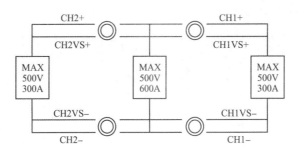

图 4-70　接线说明

②给电池单体/电池包/电池系统 12V 的低压电源。

③连接测试设备与电池单体/电池包/电池系统的 CAN 通信。

（4）局域网连接。

①局域网介绍。操作电池组工况模拟测试系统检查所有线连接牢靠之后,启动充放电设备,打开工控机第一步须查看局域网是否连接成功(工控机与充放电设备的局域网),之后才能使用系统中的各个功能。

②查看局域网连接状态,如图 4-71 所示为连接正常。

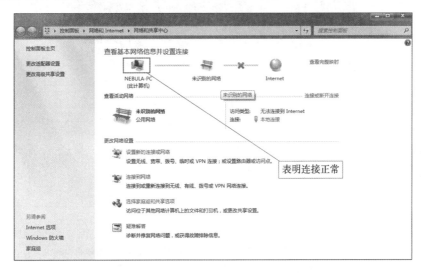

图 4-71　局域网连接状态

注意事项:遇到局域网出现感叹号或者是"×"标记。

解决办法:工控机后面 RJ-45 端口插错,换过来即可,如图 4-72 所示。

图 4-72　工控机 RJ-45 端口

（5）CANTest 软件使用，如图 4-73 ~ 图 4-75 所示。

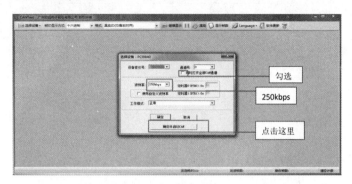

图 4-73　CANTest 软件使用（1）

图 4-74　CANTest 软件使用（2）

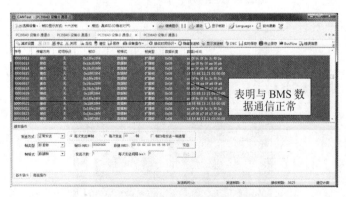

图 4-75　CANTest 软件使用（3）

（6）登录。

①端口测试，如图 4-76 所示。

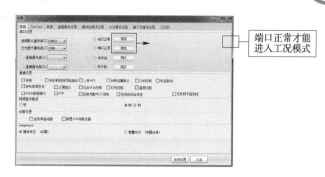

图 4-76　端口测试

②登录电池组工况模拟测试系统。

操作电池组工况模拟测试系统须成功登录才能使用系统中的各个功能；双击电池组工况模拟测试系统图标开启电池组工况模拟测试软件，弹出电池组工况模拟测试系统的登录界面（图 4-77），输入对应的用户名：admin，密码：123456 或者双击密码后登录（图 4-78）。

图 4-77　登录界面　　　　　　　　图 4-78　测试系统主界面

（7）工步编辑。

设置充电放电中运行的项目以及对应项目下相关的老化运行步骤。

首先需要【新建】文件名，编辑好对应的工步文件名后，再【新建步骤】，设置老化过程中对应的测试步骤上的参数值及设备的告警、跳转等条件，如图 4-79 所示。

图 4-79　工步编辑新建

【程序选择】，用来选择执行设定的项目；【通道复位】，复位通道；【开始工步】，选择执行程序项目后启动并执行项目；【项目编辑/查看】，对项目进行编辑、程序设定、DBC 报文导入等；【数据查看】，对执行完的项目数据进行查看并导入；【工步跳转】，对正在执行的程序工步进行跳转；【工步结束】，停止工步运行。

①编辑项目。如图 4-80 所示。

【新建】，新建工步文件名；【删除】，删除工步文件以及工步文件下的步骤；【重命名】，重新命名工步文件名；【项目复制】，复制工步文件名以及工步文件名下的测试步骤、相关设置的条件。

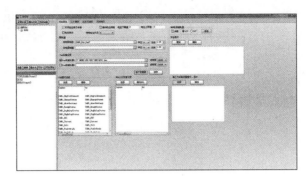

图 4-80　编辑项目

②项目属性。

对外接系统与本系统的相关项目的属性设置(对应的采集接口由系统设置中常规下串口设置"设备采集端口")。

点击【报文查看】打开电池 BMS 报文管理操作界面,设置 BMS 报文管理中对应的项目参数,退出后点击 BMS 数据采集的文件并选中前面的复选框且【保存】,即可完成项目属性的设置。(项目根据需要可选择 BMS 采集的情况,可支持两路同时采集数据,即为 BMS 数据采集 1 和 BMS 数据采集 2 选择了文件后,选中前面的复选框后进行【保存】,在注销该工步文件进行老化时,即可启动 BMS1 和 BMS2 两种方案进行数据采集),如图 4-81 所示。

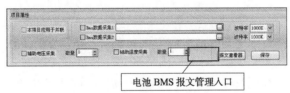

图 4-81　项目属性

③电池 BMS 报文管理。

根据电池上的相关参数录入 BMS 报文相关数据。

电池 BMS 报文管理分为两部分:

第一部分:设计,即根据电池说明书上的数据录入报文的 ID、备注以及各个报文所对应的变量(图 4-82)。

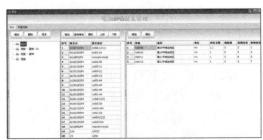

图 4-82　电池 BMS 报文管理

a. 编辑项目。

【增加】,增加项目的名称;【删除】,删除项目名称以及项目下报文内容;【保存】,操作保存,可保存项目以及项目下的报文编辑内容。

b. 报文编辑。【增加】,点击增加,在报文列表区中增加一行,输入报文 ID、报文备注点击;【保存】后即完成报文的新增;【复制增加】,可复制所选中的报文以及报文下对应的所有变量;【上移】、【下移】,向上、向下改变报文当前所在的位置;【删除】,删除报文以及报文下所有的参数。

c. 报文参数编辑。【增加】,点击增加,在参数列表区新增一条空行,录入当前所选择的报文对应的参数完成参数的新增;【删除】,选中参数列表区的一条记录,点击删除即删除当前所选中的记录。

第二部分:变量列表,根据设置设备的参数操作【读取】获得左边的变量列表,或【停止】停止获取变量,如图 4-83 所示。

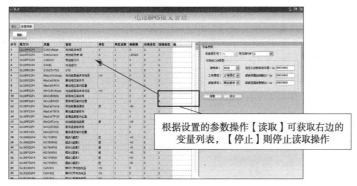

图 4-83　电池 BMS 报文管理读取与停止

④当前工步属性。

告警限制值区(图 4-84)是设置该设备执行中电压、电流、温度的保护值;数据保存设置为执行该项目老化过程中数据的保存方式。

图 4-84　当前工步属性

⑤工步编辑。

设置执行老化项目下具体的工步参数,以及跳转、告警条件的配置。工步编辑中提供了自定义变量、新增步骤、删除工步、复制工步、上移、下移、修改以及告警、跳转条件的设置等功能，如图4-85、图4-86所示。

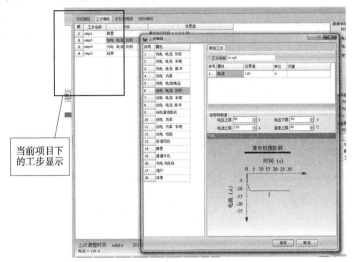

图4-85　工步显示

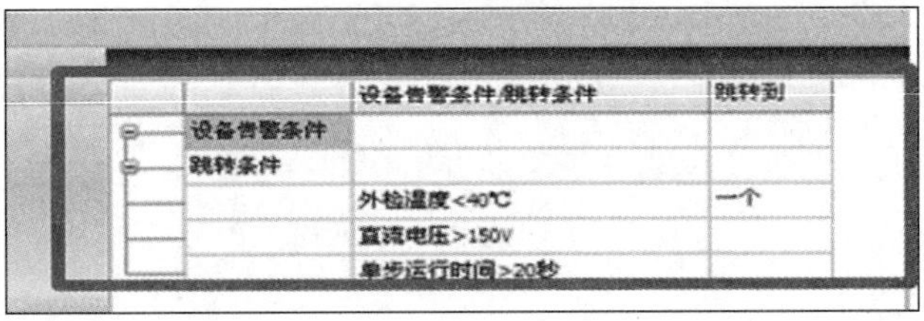

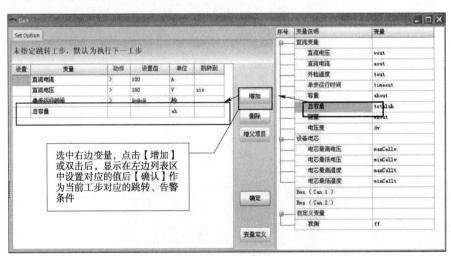

图4-86　双击对应的设备告警条件或跳转条件，在公式列显示条件

跳转条件设置，如图4-87所示。

图4-87　跳转条件设置

注意：增加到左边的变量需要设置参数值后方可【确认】关闭窗口；已添加至左边的变量不允许重复添加。

(8) 充电放电。

电池组工况模拟测试系统的执行界面,如图4-88所示通道1。

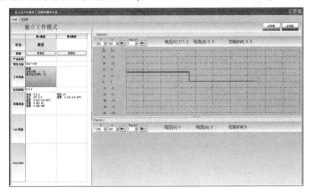

图4-88 执行界面

(9) 数据查看。

选择【数据查看】,查看充电放电测试执行程序过程中产生的数据记录,如图4-89所示。

图4-89 数据查看界面

批量导出:勾选"批量导出"复选框后,点击【数据导出】,以EXCEL形式导出当前测试项目列表中显示的所有记录至系统安装目录下的excel文件夹中。

数据查筛:以通道、项目名称、执行的时间范围为条件,过滤显示测试项目记录。

选中测试项目后,右边显示当前测试项目对应的工步内容、测试步骤/结果、采集数据、曲线,如图4-90所示。

图4-90 数据查筛

切换至"工步内容"Tab标签页可查看当前所选中项目的工步内容;切换至【测试步骤/

结果】Tab 页,如图 4-91 所示,可查看测试的基本数据、测试结果等内容。

图 4-91 数据查筛

基础数据:测试步骤下基础数据显示的是截止到跳转的时候所采集到的相关数据,如图 4-92 所示。

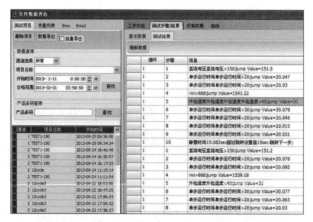

图 4-92 测试步骤/结果 Tab 页

测试结果:测试结果表示的是跳转所使用的条件以及对应的跳转值,如图 4-93 所示。

(10)采集数据。

基础数据:记录老化测试执行过程中,根据数据保存设置的条件采集电压、电流、温度、容量等记录,如图 4-93 所示。

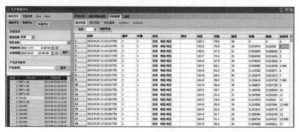

图 4-93 采集数据

注意:导出数据后先关闭软件再关闭充放电设备。

(11)关闭设备,断开测试设备与电池单体/电池包/电池系统之间的连接。

项目五　电池可靠性检测

任务一　循环寿命测试

> **任务要求**
>
> 通过本任务的学习，你应能：
> (1) 了解循环寿命测试包含的测试项目；
> (2) 了解循环寿命测试各项目的安全要求等；
> (3) 能对电池单体、电池包或系统进行循环寿命测试；
> (4) 能对测试结果进行处理及分析。

相关知识

电池的充电能力或者储备电能的能力会随着充电次数的增加而不断衰减，不同的电池会有不同的衰减程度。显然这个衰减的快慢直接影响着电池的寿命，甚至是车子的使用寿命，因此我们必须检测电池的衰减速率，获取循环寿命相关参数，以供整车参考。

循环寿命测试包含室温容量和能量（初始容量和能量）、室温功率（初始功率）、标准循环寿命、工况循环寿命等。

一、试验条件

除另有规定外，测试应在温度为(25±5)℃、相对湿度为15%～90%、大气压力为86～106kPa的环境中进行。

测试样品交付时，需要有必要的操作文件以及和测试设备相连所需的接口部件（如连接器、插头、包括冷却接口）。供应商需要提供蓄电池包或系统的工作限值，以保证整个测试过程的安全。

1. 充电方法

室温下，按照测试对象规定的充电方法进行充电。

若未提供充电方法，则依据以下方法充电。

①对于锂离子蓄电池,以大小为I_1的电流恒流充电至测试对象规定的充电终止电压时转恒压充电,至充电终止电流降至$0.05I_1$(A)时停止充电,充电后搁置1h(或测试对象规定的不高于1h的搁置时间)。

②对于金属氢化物镍蓄电池,以$1I_1$(A)电流恒流充电1h,再以$0.2I_1$充电1h,充电后静置1h(或测试对象规定的不大于1h的静置时间)。

2. 容量和能量测试方法

①以大小为$1I_1$的电流放电至企业规定的放电终止条件。

②搁置不低于30min或企业规定的搁置时间(不高于60min)。

③按照1所述的充电方法进行充电。

④搁置不低于30min或企业规定的搁置时间(不高于60min)。

⑤以大小为I_1的电流放电至企业规定的放电终止条件。

⑥计算步骤⑤的放电容量(以Ah计)和放电能量(以Wh计)。

3. 调整SOC至测试目标值$n\%$的方法

①按照1所述的充电方法进行充电。

②搁置不低于30min或企业规定的搁置时间(不高于60min)。

③以I_{n1}恒流放电$(100-n)/100$h。

4. 功率测试方法

①按照3所述的调整SOC至测试目标值$n\%$的方法调整测试对象的SOC至50%。

②搁置30min。

③以企业规定的最大电流放电5s,试验后以大小为I_1的电流放电至企业规定的放电终止条件。

④计算步骤③最后一个数据采集点的功率(W)。

二、室温容量和能量(初始容量和能量)

对电池单体、模块或系统进行初始容量和能量测试。测试对象合格标准为:蓄电池单体进行测试时,其放电容量应不低于额定容量,并且不超过额定容量的110%,同时所有测试样品初始容量极差不大于初始容量平均值的5%;蓄电池模块和系统进行测试时,其放电容量应不低于额定容量,并且不超过额定容量的110%,同时所有测试样品初始容量极差不大于初始容量平均值的7%。

测试所需设备有动力锂电池组能量回馈充放电测试系统等。

1. 测试

(1)以I_1放电至测试对象规定的放电终止条件。

(2)搁置不低于30min或测试对象规定的搁置时间(不高于60min)。

(3)充电:室温下,按照测试对象规定的充电方法进行充电。若未提供充电方法,则依据以下方法充电:

①对于锂离子蓄电池,以I_1电流恒流充电至测试对象规定的充电终止电压时转恒压充电,至充电终止电流降至$0.05I_1$时停止充电,充电后搁置1h(或测试对象规定的不高于1h的搁置时间)。

②对于金属氢化物镍蓄电池,以 I_1 电流恒流充电 1h,再以 $0.2I_1$ 充电 1h,充电后静置 1h(或测试对象规定的不大于 1h 的静置时间)。

(4)搁置不低于 30min 或测试对象规定的搁置时间(不高于 60min)。

(5)以 I_1(A)放电至测试对象规定的放电终止条件。

(6)计算步骤(5)中放电容量(以 Ah 计)和放电能量(以 Wh 计)。

室温下,按照上面方法测试容量和能量 5 次,当连续 3 次测试结果的极差小于额定容量的 3% 时,可提前结束测试,取后 3 次测试结果的平均值。

2. 测试过程数据记录及数据处理(表 5-1 ~ 表 5-4)

绝缘电阻测试数据记录表 表 5-1

测试项目	负极到壳体			正极到壳体
测试前绝缘电阻值				
测试后绝缘电阻值				

把初始状态的电池放电至测试对象规定的放电终止状态 表 5-2

序 号	时 间	放电电流	电池电压	电池电量	电池温度
放电终止后搁置时间(不低于 30min 且不高于 60min)					

把放完电的电池充满电 表 5-3

序 号	时 间	充电电流	电池电压	电池电量	电池温度
充电终止后搁置时间(不低于 30min 且不高于 60min)					

把充满电的电池放电至测试对象规定的放电终止状态 表 5-4

序号	时间	放电电流	电池电压	电池电量	累计放电容量(Ah)	累计放电能量(Wh)

三、室温功率(初始功率)

对电池单体、模块或系统进行初始功率测试。测试所需设备有动力锂电池组能量回馈充放电测试系统等。

1. 测试

(1)调整测试对象的 SOC 至 50%。

①对电池进行充电;

②搁置不低于30min或企业规定的搁置时间(不高于60min);

③以 $I_{n1}(A)$ 恒流放电 $(100-n)/100h$。

(2)搁置30min。

(3)以测试对象规定的最大电流放电5s,测试后以 $I_1(A)$ 放电至测试对象规定的放电终止条件。

(4)计算步骤(3)中最后一个数据采集点的功率(W)。

2. 测试过程数据记录及数据处理(表5-5~表5-8)

把测试对象充电至终止状态　　　　　　　　表5-5

序　号	时　间	充电电流	充电电压	电池电压	电池电量	电池温度
充电终止后搁置时间记录(不低于30min且不高于60min)						

以 $I_{n1}(A)$ 恒流进行放电,调整测试电池单体、模块或系统的 SOC 至 50%　　表5-6

序　号	时　间	放电电流	电池电压	电池电量	电池温度
放电终止后搁置时间记录(要求搁置30min)					

以测试对象规定的最大电流放电5s　　　　　　表5-7

序　号	时　间	放电电流	电池电压	电池电量	电池温度

把以 $1I_1(A)$ 放电至测试对象规定的放电终止条件。　　表5-8

序　号	时　间	放电电流	电池电压	电池电量	电池温度	功率计算(W)

四、标准循环寿命

对蓄电池单体或模块进行标准循环寿命测试。测试对象合格标准为:测试样品进行标准循环寿命测试时,循环次数达到500次时放电容量应不低于初始容量的90%,或者循环次数达到1000次时放电容量应不低于初始容量的80%。测试所需设备有动力锂电池组能量回馈充放电测试系统等。

1. 测试

①以 $1I_1(A)$ 放电至测试对象规定的放电终止条件。

②搁置不低于30min或测试对象规定的搁置条件。

③对电池进行充电。

④搁置不低于30min或测试对象规定的搁置条件。

⑤以 $I_1(A)$ 放电至测试对象规定的放电终止条件,记录放电容量。

⑥按照②~⑤连续循环500次,若放电容量高于初始容量的90%,则终止测试;若放电容量低于初始容量的90%,则继续循环500次。

⑦计量室温放电容量和放电能量。

2. 测试过程数据记录及数据处理(表5-9~表5-12)

循环寿命测试绝缘电阻测试数据记录　　　　　　　表5-9

测 试 项 目	负极到壳体	正极到壳体
测试前绝缘电阻值		
测试后绝缘电阻值		

以 $1I_1(A)$ 放电至测试对象规定的放电终止条件　　　表5-10

序　号	时　间	放电电流	电池电压	电池电量	电池温度
放电终止后搁置时间记录(不低于30min且不高于60min)					

充　电　　　　　　　　　　表5-11

序　号	时　间	充电电流	充电电压	电池电压	电池电量	电池温度
充电终止后搁置时间记录(不低于30min且不高于60min)						

以 $1I_1(A)$ 放电至测试对象规定的放电终止条件　　　表5-12

序　号	时　间	放电电流	电池电压	电池电量	累计放电容量(Ah)	累计放电能量(Wh)

五、工况循环寿命

对蓄电池模块或系统进行工况循环寿命测试。测试所需设备有动力锂电池组能量回馈充放电测试系统等。

1. 混合动力乘用车用功率型蓄电池

混合动力乘用车用功率型蓄电池进行工况循环测试时,总放电能量与电池初始能量的比值达 500 时,计量放电容量和 5s 放电功率。

(1)测试。

该循环测试由两部分组成:一个是"主放电工况",其放电量略多于充电量,如图 5-1 和表 5-13 所示;另一个是"主充电工况",其充电量略多于放电量,如图 5-2 和表 5-14 所示。整个测试步骤如表 5-15 所示,由主充电工况和主放电工况组成的大循环 SOC 波动示意图如图 5-3 所示。

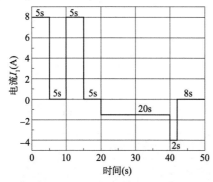

图 5-1 混合动力乘用车用功率型蓄电池主放电工况

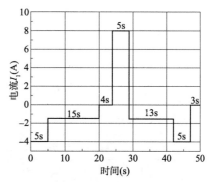

图 5-2 混合动力乘用车用功率型蓄电池主充电工况

混合动力乘用车用功率型蓄电池主放电工况测试步骤　　表 5-13

时间增量 (s)	累计时间 (s)	电流 (A)	ΔSOC (%)
5	5	$8I_1$	-1.111
5	10	0	-1.111
5	15	$8I_1$	-2.222
5	20	0	-2.222
20	40	$-1.5I_1$	-1.389
2	42	$-4I_1$	-1.167
8	50	0	-1.167

混合动力乘用车用功率型蓄电池主充电工况测试步骤　　表 5-14

时间增量 (s)	累计时间 (s)	电流 (A)	ΔSOC (%)
5	5	$-4I_1$	0.556
15	20	$-1.5I_1$	1.181
4	24	0	1.181
5	29	$8I_1$	0.069
13	42	$-1.5I_1$	0.611
5	47	$-4I_1$	1.167
3	50	0	1.167

混合动力乘用车用功率型蓄电池工况循环寿命测试步骤　　　　　表 5-15

步骤	测试内容
1	调整 SOC 至 80% 或者测试对象规定的最高 SOC
2	搁置 30min
3	运行"主放电工况"直到:30% SOC 或者测试对象规定的最低 SOC,或测试对象规定的放电终止条件
4	运行"主充电工况"直到:80% SOC 或者测试对象规定的最高 SOC,或测试对象规定的充电终止条件
5	重复步骤 3~4 共 x h(x 约为 22 且循环次数,为如图 5-3 所示大循环的整数倍)
6	搁置 2h
7	重复步骤 1~6,共 6 次
8	测试容量和能量
9	测试功率
10	重复步骤 1~9,直至总放电能量与蓄电池初始能量的比值达 500
11	测试容量
12	测试功率

注:如果步骤 8 中测试的放电容量低于初始容量的 90%,或步骤 9 中测试的放电功率低于初始功率的 85%,允许维护一次(不更换电池),然后再重复步骤 8 和 9,如仍不满足条件,则提前终止测试。

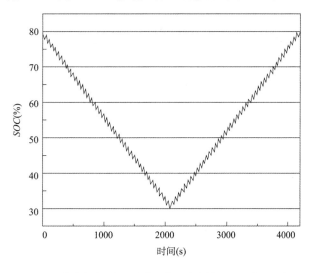

图 5-3　混合动力乘用车用功率型蓄电池大循环 SOC 波动示意图

(2)测试过程数据记录及数据处理(表 5-16 ~ 表 5-21)。

混合动力乘用车工况循环寿命测试绝缘电阻测试数据记录　　　　　表 5-16

测试项目	负极到壳体	正极到壳体
测试前绝缘电阻值		
测试后绝缘电阻值		

充 电 表5-17

序 号	时 间	充电电流	充电电压	电池电压	电池电量	电池温度
	充电终止后搁置时间记录(不低于30min且不高于60min)					

以 I_{n1}(A)恒流进行放电/调整SOC至80%或规定的最高SOC(不需要放电则不记录此表)

表5-18

序 号	时 间	放电电流	电池电压	电池电量	电池温度
	放电后搁置时间记录(要求搁置时间为30min)				

运行"主放电工况"数据记录 表5-19

实验员		测试日期		当日气温、湿度	
序 号	时 间	放电电流	电池电压	电池电量	电池温度

运行"主充电工况"数据记录 表5-20

序 号	时 间	充电电流	充电电压	电池电压	电池电量	电池温度

循 环 数 据 记 录 表5-21

序 号	循环次数(第 n 次)	容量(Ah)	能量(Wh)	功率(W)	累计总放电能量(Wh)	总放电能量与蓄电池初始能量的比值

2. 混合动力商用车用功率型蓄电池

混合动力商用车用功率型蓄电池进行工况循环测试时,总放电能量与电池初始能量的比值达500时,计量放电容量和5s放电功率。

该循环测试由两部分组成,一个是"主放电工况",其放电量略多于充电量,如图5-4和

表 5-22 所示;另一个是"主充电工况",其充电量略多于放电量,如图 5-5 和表 5-23 所示。整个测试步骤如表 5-24 所示,由主充电工况和主放电工况组成的大循环 SOC 波动示意图如图 5-6 所示。

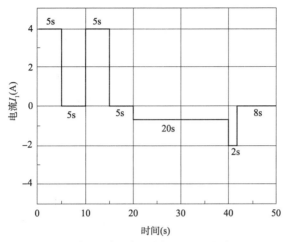

图 5-4　混合动力商用车用功率型蓄电池主放电工况

混合动力商用车用功率型蓄电池主放电工况测试步骤　　表 5-22

时间增量 (s)	累计时间 (s)	电流 (A)	ΔSOC (%)
5	5	$4I_1$	-0.556
5	10	0	-0.556
5	15	$4I_1$	-1.111
5	20	0	-1.111
20	42	$-0.75I_1$	-0.694
2	44	$-2I_1$	-0.583
8	50	0	-0.583

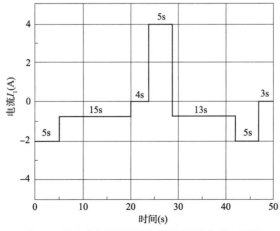

图 5-5　混合动力商用车用功率型蓄电池主充电工况

混合动力商用车用功率型蓄电池主充电工况测试步骤　　　　表 5-23

时间增量 (s)	累计时间 (s)	电流 (A)	ΔSOC (%)
5	5	$-2I_1$	0.278
15	20	$-0.75I_1$	0.590
4	24	0	0.590
5	29	$4I_1$	0.035
13	42	$-0.75I_1$	0.306
5	47	$-2I_1$	0.583
3	50	0	0.583

混合动力商用车用功率型蓄电池工况循环寿命测试步骤　　　　表 5-24

步骤	测试内容
1	调整 SOC 至 80% 或者测试对象规定的最高 SOC
2	搁置 30min
3	运行"主放电工况"直到：30% SOC 或者测试对象规定的最低 SOC，或测试对象规定的放电终止条件
4	运行"主充电工况"直到：80% SOC 或者测试对象规定的最高 SOC，或测试对象规定的充电终止条件
5	重复步骤 3~4，共 x h(x 约为 22，且循环次数为如图 5-6 所示大循环的整数倍)
6	搁置 2h
7	重复步骤 1~6，共 6 次
8	测试容量和能量
9	测试功率
10	重复步骤 1~9，直至总放电能量与蓄电池初始能量的比值达 500
11	测试容量
12	测试功率

注：如果步骤 8 中测试的放电容量低于初始容量的 90%，或步骤 9 中测试的放电功率低于初始功率的 85%，允许维护（不更换电池），然后再重复步骤 8 和 9，如仍不满足条件，则提前终止测试。

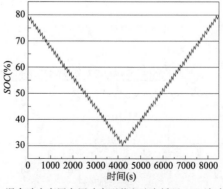

图 5-6　混合动力商用车用功率型蓄电池大循环 SOC 波动示意图

3. 纯电动乘用车用能量型蓄电池

纯电动乘用车用能量型蓄电池进行工况循环测试时,总放电能量与电池初始能量的比值达 500 时,计量放电容量。

插电式和增程式电动汽车用蓄电池参照此方法进行工况循环测试时,总放电能量与电池初始能量的比值达 500 时,计量放电容量。

（1）测试。

该循环测试由两部分组成,充电部分按照上面进行,放电部分按照图 5-7 和表 5-25 所示的"主放电工况"进行,整个测试步骤如表 5-26 所示,由主放电工况组成的 SOC 波动示意图如图 5-8 所示。

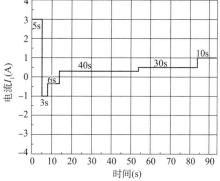

图 5-7 纯电动乘用车用能量型蓄电池主放电工况

纯电动乘用车用能量型蓄电池主放电工况测试步骤 表 5-25

时间增量 （s）	累计时间 （s）	电流 （A）	ΔSOC （%）
5	5	$3I_1$	-0.417
3	8	$-1I_1$	-0.333
6	14	$-1/3I_1$	-0.278
40	54	$1/3I_1$	-0.648
30	84	$1/2I_1$	-1.065
10	94	$1I_1$	-1.343

纯电动乘用车用能量型蓄电池工况循环寿命测试步骤 表 5-26

步骤	测 试 内 容
1	充电
2	搁置 30min
3	运行"主放电工况"直到:20% SOC 或者测试对象规定的最低 SOC,或测试对象规定的放电终止条件
4	搁置 30min
5	重复步骤 1~4 共 x h（x 约为 20,且循环次数为如图 5-8 所示大循环的整数倍）
6	搁置 2h
7	重复步骤 1~7,共 6 次
8	测试容量和能量
9	重复步骤 1~9,直至总放电能量与电池初始能量的比值达 500
10	测试容量和能量

注：如果步骤 8 中测试的放电容量低于初始容量的 90%,允许维护一次（不更换电池）,然后再重复步骤 8,仍不满足条件,则提前终止测试。

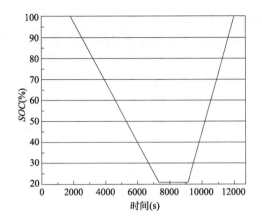

图 5-8 纯电动乘用车用能量型蓄电池大循环 *SOC* 波动示意图

(2)测试过程数据记录及数据处理(表 5-27 ~ 表 5-30)。

纯电动汽车工况循环寿命测试绝缘电阻测试数据记录　　表 5-27

测试项目	负极到壳体			正极到壳体
测试前绝缘电阻值				
测试后绝缘电阻值				

充　　电　　　　表 5-28

序　号	时　间	充电电流	充电电压	电池电压	电池电量	电池温度
充电终止后搁置时间记录(要求搁置时间为 30min)						

运行"主放电工况"数据记录　　表 5-29

序　号	时　间	放电电流	电池电压	电池电量	电池温度
放电终止后搁置时间记录(要求搁置时间为 30min)					

循　环　数　据　记　录　　表 5-30

序　号	循环次数 (第 *n* 次)	容量 (Ah)	能量 (Wh)	累计总放电能量 (Wh)	总放电能量 与蓄电池初始 能量的比值

4. 纯电动商用车用能量型蓄电池

纯电动商用车用能量型蓄电池进行工况循环测试时，总放电能量与电池初始能量的比值达 500 时，计量放电容量。

插电式和增程式电动汽车用蓄电池参照此方法进行工况循环测试时，总放电能量与电池初始能量的比值达 500 时，计量放电容量。该循环测试由两部分组成，充电部分按照上面进行，放电部分按照图 5-9 和表 5-31 所示的"主放电工况"进行，整个测试步骤见表 5-32。由主放电工况组成的 SOC 波动示意图如图 5-10 所示。

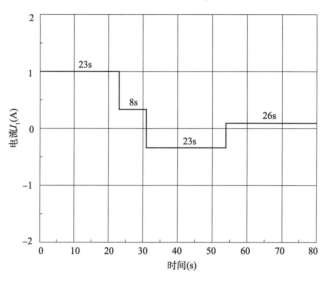

图 5-9 纯电动商用车用能量型蓄电池主放电工况

纯电动商用车用能量型蓄电池主放电工况测试步骤 表 5-31

时间增量（s）	累计时间（s）	电流（A）	ΔSOC（%）
23	23	$-1I_1$	-0.639
8	31	$-1/3I_1$	-0.713
23	54	$1/3I_1$	-0.500
26	80	$-0.1I_1$	-0.572

纯电动商用车用能量型蓄电池工况循环寿命测试步骤 表 5-32

步骤	测 试 内 容
1	对电池进行充电
2	搁置 30min
3	运行"主放电工况"直到：20% SOC 或者测试对象规定的最低 SOC，或测试对象规定的放电终止条件
4	搁置 30min
5	重复步骤 1～4，共 x h (x 约为 20，且循环次数为如图 5-10 所示大循环的数倍)

续上表

步骤	测试内容
6	搁置2h
7	重复步骤1~7,共6次
8	测试容量和能量
9	重复步骤1~9,直至总放电能量与电池初始能量的比值达500
10	测试容量和能量

注：如果步骤8中测试的放电容量低于初始容量的90%，允许维护一次（不更换电池），然后再重复步骤8，如仍不满足条件，则提前终止测试。

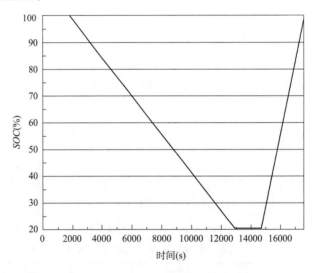

图5-10 纯电动商用车用能量型蓄电池大循环 SOC 波动示意图

任务二 电性能测试

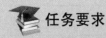 任务要求

通过本任务的学习，你应能：
(1) 了解电性能测试包含的测试项目；
(2) 了解电性能测试各项目的安全要求等；
(3) 对电池单体、电池包或系统进行电性能测试；
(4) 对测试结果进行处理及分析。

相关知识

单体蓄电池及电池模块都需要进行电性能测试。单体蓄电池的电性能测试包含外观、极性、外形尺寸和质量、单体蓄电池充电、室温放电容量(初始容量)等。蓄电池模块测试的电性能测试包含外观、极性、外观尺寸及质量、蓄电池模块充电、室温放电容量、室温倍率放电性能、室温倍率充电性能、低温放电容量、高温放电容量、荷电保持及容量恢复能力、耐振动性能、储存性能等。

一、单体蓄电池测试

单体蓄电池电性能测试包括外观、极性、外形尺寸、质量、充电及室温放电容量(初始容量)等。

1. 外观

外观不得有变形及裂纹,表面无毛刺、干燥、无外伤、无污物,且宜有清晰、正确的标志。在良好的光线条件下,用目测法检查单体蓄电池的外观。

2. 极性

端子极性标识应正确、清晰。用电压表检测单体蓄电池极性,记录在表5-33中。

单体蓄电池极性测量　　　　　　　　　　　　　　表5-33

测试项目	A-B	B-A	A端	B端
电压/极性				

3. 外形尺寸和质量

蓄电池外形尺寸、质量应符合测试对象提供的产品技术条件。测量单体蓄电池的外形尺寸及质量,并记录在表5-34中。

外形尺寸和质量　　　　　　　　　　　　　　表5-34

外形尺寸			质量
(长)	(宽)	(高)	

4. 单体蓄电池充电

测试所需设备:动力锂电池组能量回馈充放电测试系统等。

(1)充电测试。

室温下,单体蓄电池先以 I_1(A)电流放电至技术条件中规定的放电终止电压,搁置1h(或测试对象规定的不大于1h的搁置时间),然后按测试对象提供的充电方法进行充电。

若测试对象使用说明未提供充电方法,则依据以下方法充电。

①对于锂离子蓄电池,以 I_1(A)电流恒流充电至测试对象技术条件中规定的充电终止电压时转恒压充电,至充电电流降至 $0.05I_1$(A)时停止充电,充电后搁置1h(或测试对象提供的不高于1h的搁置时间);

②对于金属氢化物镍蓄电池,以 I_1(A)电流恒流充电1h,然后再以 $0.2I_1$ 充电1h,充电后静置1h(或测试对象提供的不大于1h的静置时间)。

(2)测试过程数据记录及数据处理(表 5-35、表 5-36)。

放　电　　　　　　　　　　　　　　　表 5-35

序　号	时　间	放电电流	电池电压	电池电量	电池温度
放电后搁置时间记录(搁置1h或制造商提供的不大于1h的搁置时间)					

充　电　　　　　　　　　　　　　　　表 5-36

序　号	时　间	充电电流	充电电压	电池电压	电池电量	电池温度
充电终止后搁置时间记录(搁置1h或制造商提供的不大于1h的搁置时间)						

5. 室温放电容量(初始容量)

测试对象合格标准为:放电容量应不低于额定容量,并且不超过额定容量的110%,同时所有测试对象初始容量极差不大于初始容量平均值的5%。极差是所有样本的最大值和最小值之差。测试所需设备有动力锂电池组能量回馈充放电测试系统等。

(1)测试。

①单体蓄电池按上述方法充电;

②室温下,蓄电池以 I_1(A)电流放电,直到放电至测试对象技术条件中规定的放电终止电压;

③计量放电容量(以 Ah 计),计算放电比能量(以 Wh/kg 计);

④重复步骤①~③5 次,当连续 3 次测试结果的极差小于额定容量的3%,可提前结束测试,取后 3 次测试结果的平均值。

(2)测试过程数据记录及数据处理(表 5-37 ~ 表 5-39)。

把初始状态的电池放电至测试对象规定的放电终止状态　　　　表 5-37

序　号	时　间	放电电流	电池电压	电池电量	电池温度
放电终止后搁置时间(不低于 30min 且不高于 60min)					

把放完电的电池充满电　　　　　　　　　　　　　　　　　　表 5-38

序　号	时　间	充电电流	电池电压	电池电量	电池温度
充电终止后搁置时间(不低于 30min 且不高于 60min)					

把充满电的电池放电至测试对象规定的放电终止状态　　　　　　　　表 5-39

序　号	时　间	放电电流	电池电压	电池电量	累计放电容量（Ah）	放电比能量（Wh/kg）

二、蓄电池模块测试

测试用蓄电池模块应满足如下条件：总电压不低于单体蓄电池电压的 5 倍，或额定容量不低于 20Ah，或者与整车用蓄电池系统额定容量一致。

测试用蓄电池模块可由实际模块串并联组成。

1. 外观

外观不得有变形及裂纹，表面干燥、无外伤，且排列整齐、连接可靠、标志清晰等。在良好的光线条件下，用目测法检查蓄电池模块的外观。

2. 极性

端子极性标识应正确、清晰。用电压表检测蓄电池模块的极性，并记录在表 5-40 中。

蓄电池模块极性测量　　　　　　　　表 5-40

测试项目	A-B	B-A	A 端	B 端
电压/极性				

3. 外形尺寸及质量

外形尺寸及质量应符合测试对象提供的产品技术条件。用量具和衡器测量蓄电池模块的外形尺寸及质量，并记录在表 5-41 中。

蓄电池模块外形尺寸和质量　　　　　　　　表 5-41

外形尺寸			质　量
（长）	（宽）	（高）	

4. 蓄电池模块充电

（1）充电测试。

室温下，蓄电池模块先以 I_1（A）电流放电至任一单体蓄电池电压达到放电终止电压。搁置 1h（或测试对象提供的不高于 1h 的搁置时间），然后按测试对象提供的充电方法进行充电。

若测试对象未提供充电方法，则依据以下方法充电。

①对于锂离子蓄电池，以 $1I_1$（A）电流恒流充电至测试对象技术条件中规定的充电终止电压时转恒压充电，至充电电流降至 $0.05I_1$（A）时停止充电，若充电过程中有单体蓄电池电压超过充电终止电压 0.1V 时则停止充电。充电后搁置 1h（或测试对象提供的不高于 1h 的搁置时间）。

②对于金属氢化物镍蓄电池，以 $1I_1$（A）电流恒流充电 1h，然后再以 $0.2I_1$（A）充电 1h，充电后静置 1h（或测试对象提供的不高于 1h 的静置时间）。

(2)测试过程数据记录及数据处理(表5-42、表5-43)。

蓄电池模块放电　　　　　　　　　　　　　　　　　　表5-42

序　号	时　间	放电电流	电池电压	电池电量	电池温度
放电后搁置时间记录(搁置1h或制造商提供的不大于1h的搁置时间)					

蓄电池模块充电　　　　　　　　　　　　　　　　　　表5-43

序　号	时　间	充电电流	充电电压	电池电压	电池电量	电池温度
充电终止后搁置时间记录(搁置1h或制造商提供的不大于1h的搁置时间)						

5. 室温放电容量

测试对象合格标准为:其放电容量应不低于额定容量,并且不超过额定容量的110%,同时所有测试对象初始容量极差不大于初始容量平均值的7%。测试所需设备有动力锂电池组能量回馈充放电测试系统等。

(1)测试。

①蓄电池模块按上述方法充电;

②室温下,蓄电池模块以I_1电流放电至任一单体蓄电池电压达到放电终止电压;

③计量放电容量(以 Ah 计)和放电比能量(以 Wh/kg 计);

④重复步骤①~③5次,当连续3次测试结果的极差小于额定容量的3%,可提前结束测试,取后3次测试结果平均值。

(2)测试过程数据记录及数据处理(表5-44~表5-46)。

把初始状态的模块放电至测试对象规定的放电终止状态　　　　表5-44

序　号	时　间	放电电流	电池电压	电池电量	电池温度
放电终止后搁置时间(不低于30min且不高于60min)					

把放完电的模块充满电　　　　　　　　　　　　　　　　表5-45

序　号	时　间	充电电流	电池电压	电池电量	电池温度
充电终止后搁置时间(不低于30min且不高于60min)					

把充满电的模块放电至测试对象规定的放电终止状态　　　　　　　　　　表5-46

序　号	时　间	放电电流	电池电压	电池电量	累计放电容量（Ah）	放电比能量（Wh/kg）

6.室温倍率放电性能

(1)能量型蓄电池模块。

测试对象合格标准为:其放电容量应不低于初始容量的90%。测试所需设备有动力锂电池组能量回馈充放电测试系统等。

①放电性能测试。

a.蓄电池模块按上述方法充电;

b.室温下,蓄电池模块以$3I_1$(最大电流不超过400A)电流放电,直至任意一个单体电压达到放电终止电压;

c.计量放电容量(以Ah计);

d.测试过程数据记录及数据处理(表5-47~表5-49)。

能量型蓄电池模块放电性能测试初始放电数据记录　　　　　　　　表5-47

序　号	时　间	放电电流	电池电压	电池电量	电池温度
放电后搁置时间记录(搁置1h或制造商提供的不大于1h的搁置时间)					

能量型蓄电池模块放电性能测试放充电数据记录　　　　　　　　表5-48

序　号	时　间	充电电流	充电电压	电池电压	电池电量	电池温度
充电终止后搁置时间记录(搁置1h或制造商提供的不大于1h的搁置时间)						

以$3I_1$(A)电流放电,直至任意一个单体电压达到放电终止电压　　　　表5-49

序　号	时　间	放电电流	电池电压	电池电量	电池温度	累计放电容量（Ah）

②比功率测试。

a. 蓄电池模块按上述方法充电;

b. 室温下,蓄电池模块以 I_1 电流放电 30min 后以测试对象规定的最大放电电流放电 10s,然后再静置 30min,再以测试对象规定的最大充电电流充电 10s;

c. 采用 10s 充放电的放电能量除以 10s 充放电时间的方法,计算 10s 充放电的平均比功率(以 W/kg 计);

d. 测试过程数据记录及数据处理(表 5-50)。

能量型蓄电池模块比功率测试数据记录 表 5-50

序 号	时 间	放电电流	充电电流	电池电压	电池电量	电池温度	10s 放电能量(Wh)
放电后静置时间记录(要求静置 30min)							

(2)功率型蓄电池模块。

测试对象合格标准为:其放电容量应不低于初始容量的 80%。测试所需设备有动力锂电池组能量回馈充放电测试系统等。

①放电性能测试。

a. 蓄电池模块按上述方法充电;

b. 室温下,蓄电池模块以 $8I_1$(最大电流不超过 400A)电流放电,直至任意一个单体电压达到放电终止电压;

c. 计量放电容量(以 Ah 计);

d. 测试过程数据记录及数据处理(表 5-51)。

以 $8I_1$(A)电流放电,直至任意一个单体电压达到放电终止电压 表 5-51

序 号	时 间	放电电流	电池电压	电池电量	电池温度	累计放电容量(Ah)

②比功率测试。

a. 蓄电池模块按上述方法充电;

b. 室温下,蓄电池模块以 I_1 电流放电 30min 后以测试对象规定的最大放电电流放电 10s,然后再静置 30min,再以测试对象规定的最大充电电流充电 10s;

c. 采用 10s 充放电的放电能量除以 10s 充放电时间的方法,计算 10s 充放电的平均比功率(以 W/kg 计);

d. 测试过程数据记录及数据处理(表 5-52)。

功率型蓄电池模块比功率测试数据记录　　　　　　　　表5-52

序号	时间	放电电流	充电电流	电池电压	电池电量	电池温度	10s放电能量（Wh）
放电后静置时间记录（要求静置30min）							

7. 室温倍率充电性能

测试对象合格标准为：其放电容量应不低于初始容量的80%。测试所需设备有动力锂电池组能量回馈充放电测试系统等。

（1）测试。

a. 室温下，蓄电池模块以 I_1 电流放电至任一单体蓄电池电压达到放电终止电压，静置1h；

b. 室温下，蓄电池模块以 $2I_1$（最大电流不超过400A）电流充电，直至任意一个单体电压达到充电终止电压，或达到测试对象规定的充电终止条件，并且总充电时间不超过30min，静置1h；

c. 室温下，蓄电池模块以 $1I_1$（A）电流放电至任一单体蓄电池电压达到放电终止电压；

d. 计量放电容量（以 Ah 计）。

（2）测试过程数据记录及数据处理（表5-53～表5-55）。

以 I_1（A）电流放电　　　　　　　　表5-53

序号	时间	放电电流	电池电压	电池电量	电池温度
放电后搁置时间记录（要求搁置1h）					

以 $2I_1$（A）充电　　　　　　　　表5-54

序号	时间	充电电流	充电电压	电池电压	电池电量	电池温度
充电达到终止条件后继续充电时长记录						
充电终止后静置时间记录（要求搁置1h）						

以 $1I_1$（A）电流放电　　　　　　　　表5-55

序号	时间	放电电流	电池电压	电池电量	电池温度	累计放电容量（Ah）

8. 低温放电容量

测试对象合格标准为:锂离子蓄电池模块测试时,其放电容量应不低于初始容量的70%;金属氢化物镍蓄电池模块测试时,其放电容量应不低于初始容量的80%。测试所需设备有动力锂电池组能量回馈充放电测试系统等。

(1)测试。

a. 蓄电池模块按规定方法充电;

b. 蓄电池模块在(-20±2)℃下搁置24h;

c. 蓄电池模块在(-20±2)℃下,以I_1(A)电流放电至任一单体蓄电池电压达到测试对象提供的放电终止电压(该电压值不低于室温放电终止电压的80%);

d. 计量放电容量(以Ah计)。

(2)测试过程数据记录及数据处理(表5-56~表5-59)。

低温放电容量测试初始放电　　　　　　　　　　　表5-56

序　号	时　间	放电电流	电池电压	电池电量	电池温度
放电后搁置时间记录(搁置1h或制造商提供的不大于1h的搁置时间)					

低温放电容量测试充电数据　　　　　　　　　　　表5-57

序　号	时　间	充电电流	充电电压	电池电压	电池电量	电池温度
充电终止后搁置时间记录(搁置1h或制造商提供的不大于1h的搁置时间)						

低温静置　　　　　　　　　　　表5-58

序　号	时　间	室内温度

低温下放电　　　　　　　　　　　表5-59

序　号	时　间	室内温度	放电电流	电池电量	电池温度	累计放电容量(Ah)

9. 高温放电容量

测试对象合格标准为:放电容量应不低于初始容量的90%。测试所需设备有步入式高低温快速变化湿热试验箱、动力锂电池组能量回馈充放电测试系统等。

（1）测试。

a. 蓄电池模块按上述方法充电；

b. 蓄电池模块在(55±2)℃下搁置5h；

c. 蓄电池模块在(55±2)℃下，以I_1(A)电流放电至任一单体蓄电池电压达到室温放电终止电压；

d. 计量放电容量(以 Ah 计)。

（2）测试过程数据记录及数据处理(表5-60～表5-63)。

高温放电容量测试初始放电　　　　　　　　　　表5-60

序 号	时 间	放电电流	电池电压	电池电量	电池温度
放电后搁置时间记录(搁置1h或制造商提供的不大于1h的搁置时间)					

高温放电容量测试充电　　　　　　　　　　　　表5-61

序 号	时 间	充电电流	充电电压	电池电压	电池电量	电池温度
充电终止后搁置时间记录(搁置1h或制造商提供的不大于1h的搁置时间)						

高温放电容量测试高温静置　　　　　　　　　　表5-62

序 号	时 间	室内温度

高温下放电　　　　　　　　　　　　　　　　　表5-63

序 号	时 间	室内温度	放电电流	电池电量	电池温度	累计放电容量(Ah)

10. 荷电保持及容量恢复能力

测试对象合格标准为：锂离子蓄电池模块测试时，其室温及高温荷电保持率应不低于初始容量的85%，容量恢复应不低于初始容量的90%；金属氢化物镍蓄电池模块测试时，其室温荷电保持率应不低于初始容量的85%，高温荷电保持率应不低于初始容量的70%，容量恢复应不低于初始容量的95%。测试所需设备有步入式高低温快速变化湿热试验箱、动力锂电池组能量回馈充放电测试系统等。

(1)室温荷电保持与容量恢复能力。

①测试。

a. 蓄电池模块按规定方法充电;

b. 蓄电池模块在室温下储存28d;

c. 室温下,蓄电池模块以I_1(A)电流放电至任一单体蓄电池电压达到放电终止电压;

d. 计量荷电保持容量(以Ah计);

e. 蓄电池模块再按上述方法充电;

f. 室温下,蓄电池模块以I_1(A)电流放电至任一单体蓄电池电压达到放电终止电压;

g. 计量恢复容量(以Ah计)。

②测试过程数据记录及数据处理(表5-64~表5-66)。

室温荷电保持与容量恢复能力测试初始放电 表5-64

序 号	时 间	放电电流	电池电压	电池电量	电池温度
放电后搁置时间记录(搁置1h或制造商提供的不大于1h的搁置时间)					

第 一 次 充 电 表5-65

序 号	时 间	充电电流	充电电压	电池电压	电池电量	电池温度
充电终止后搁置时间记录(搁置1h或制造商提供的不大于1h的搁置时间)						

室温荷电保持与容量恢复能力测试放电 表5-66

序 号	时 间	放电电流	电池电量	电池温度	累计放电容量(Ah)

(2)高温荷电保持与容量恢复能力。

①测试。

a. 蓄电池模块按规定方法充电;

b. 蓄电池模块在(55±2)℃下储存7d;

c. 蓄电池模块在室温下搁置5h后,以I_1电流放电至任一单体蓄电池电压达到放电终止电压;

d. 计量荷电保持容量(以Ah计);

e. 蓄电池模块再按上述方法充电;

f. 室温下,蓄电池模块以I_1电流放电至任一单体蓄电池电压达到放电终止电压;

g. 计量恢复容量(以 Ah 计)。

②测试过程数据记录及数据处理(表5-67、表5-68)。

储 存 记 录　　　　　　　　　　　　　　　表5-67

序　号	时间(以小时或天为单位)	室 内 温 度

高温荷电保持与容量恢复能力测试放电　　　　　　表5-68

序　号	时　间	放电电流	室内温度	电池电量	电池温度	累计放电容量(Ah)

11. 耐振动

测试对象合格标准为:不允许出现放电电流锐变、电压异常、蓄电池壳变形、电解液溢出等异常现象,并保持连接可靠、结构完好。

(1) 测试。

a. 蓄电池模块按规定方法充电;

b. 将蓄电池模块紧固到振动测试台上,按下述条件进行线性扫频振动测试:放电电流为 $1/3I_1$;振动方向为上下单振动;振动频率为 10~55Hz;最大加速度为 30m/s^2;扫频循环为 10 次;振动时间为 3h;

c. 振动测试过程中,观察有无异常现象出现。

(2) 测试过程数据记录及数据处理(表5-69)。

耐振动测试数据记录　　　　　　　　　　　　　表5-69

序　号	时　间	放电电流	振动频率	加　速　度	扫频循环次数

12. 储存

测试对象合格标准为:其容量恢复应不低于初始容量的90%。测试所需设备有动力锂电池组能量回馈充放电测试系统等。

(1) 测试。

a. 蓄电池模块按上述方法充电;

b. 蓄电池模块室温下,以 I_1 电流放电 30min;

c. 蓄电池模块在(45±2)℃下储存28d;

d. 蓄电池模块室温下搁置5h;

e. 蓄电池模块按上述方法充电;

f. 蓄电池模块室温下,以 I_1 电流放电至任一单体蓄电池电压达到放电终止电压;

g. 计量放电容量(以 Ah 计)。

(2)测试过程数据记录及数据处理(表 5-70 ~ 表 5-74)。

荷电保持及容量恢复能力测试初始放电   表 5-70

序 号	时 间	放电电流	电池电压	电池电量	电池温度
放电后搁置时间记录(搁置1h 或制造商提供的不大于1h 的搁置时间)					

荷电保持及容量恢复能力测试充电   表 5-71

序 号	时 间	充电电流	充电电压	电池电压	电池电量	电池温度
充电终止后搁置时间记录(搁置1h 或制造商提供的不大于1h 的搁置时间)						

以 I_1 电流放电 30min   表 5-72

序 号	时 间	放电电流	电池电量

储 存 记 录   表 5-73

序 号	时间(以小时或天为单位)	室内温度

荷电保持及容量恢复能力放电测试   表 5-74

序 号	时 间	放电电流	室内温度	电池电量	电池温度	累计放电容量(Ah)

13. 出厂检验

每一批产品出厂前都应进行出厂检验,对出厂检验的室温放电容量检验项目,所有蓄电池样品的 I_1 放电容量差应不大于 ±5%。

在出厂检验中,若有一项或一项以上不合格时,应将该产品退回生产部门返工普检,然后再次提交验收。若再次检验仍有一项或一项以上不合格,则判定该产品为不合格。

项目六 在用汽车动力蓄电池维护检测技术

任务一 高压作业安全与防护

 任务要求

通过本任务的学习,你应能:
(1) 理解及掌握新能源汽车高压作业的资质要求、操作要求与操作规范;
(2) 掌握高压防护设备与专用工具使用方法;
(3) 正确使用或穿戴高压防护装备及高压作业的专用工具。

 相关知识

一、新能源汽车高压安全作业要求

1. 防护装备的要求

新能源汽车的动力蓄电池电压工作范围为 144~600V,额定电流工作范围为 80~100A,而人体的安全电压值≤42V,所以在进行新能源汽车动力蓄电池相关操作时,应做好个人绝缘防护,避免由于误操作而发生触电事故。在新能源汽车高压作业前,应佩戴安全帽、护目镜、绝缘手套,穿上绝缘鞋。

在佩戴绝缘手套前,需对绝缘手套做吹气检查,具体操作方法是:用嘴对着绝缘手套吹气,待手套膨胀后,观察绝缘手套是否存在漏气的现象,若有漏气的现象则说明手套局部破裂,需要更换。同时不能带水进行操作,保证手套内外表面洁净、干燥。常用高压防护设备与绝缘工具如图 6-1 所示,绝缘手套、绝缘鞋、绝缘垫定期送当地省、市、县计量机构检验其绝缘性能。计量间隔为自产品生产日期开始,每 3 个月一次。

2. 高压作业操作要求

执行高压系统作业时,必须严格遵守"双人作业""单手操作"等安全操作规范。

"双人作业"是指在车辆高压作业期间,必须同时有两名持有双证(低压作业许可证和汽车维修工职业技能证书)的人员,其中一名人员作为工作的监护人,工作职责为监督操作的全过程。当发生触电事故时,监护人应立即采取有效措施执行急救。监护人的具体要求为:监护人的安全技术等级应高于操作人员,具有丰富的实际工作经验并熟悉现场及设备情况。监护内容如下:

(1)进行高压电路接入与切断时,监视所有工作人员的活动范围,使其与带电设备保持规定的安全距离。

(2)带电作业时,监视所有工作人员的活动范围,使其与高压部件保持规定的安全距离。

(3)监视所有工作人员的工具使用方法是否正确、工作位置是否安全以及操作方法是否正确等。

(4)工作中监护人因故离开工作现场时,必须另指派了解有关安全措施的人员接替监护,并告知工作人员,使监护工作不致间断。

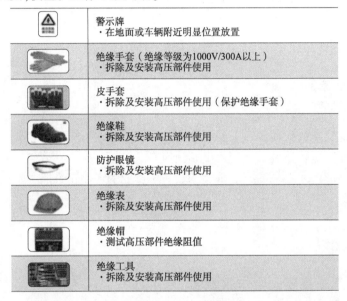

图6-1　高压作业防护设备与绝缘工具

"单手操作"是指操作人员接触高压部件时,不能用双手触碰。在进行高压操作前,要对操作场所放置警示牌,并设置警戒线,防止非操作人员误入而引发安全事故。

3.高压作业操作规范

维修高电压车辆时,必须遵循高电压安全操作规范和机动车维修操作规范。在高电压安全操作规范有:

(1)对于车辆维修过程中的高压配件必须标识明显的高压勿动警示,并禁止将带有高压电的部件放置在无人看管的环境下。

(2)高电压维修与维护过程中,维护人员禁止携带手表、金属笔等金属物品。

(3)严禁非专业人员对高压部件进行移除及安装。

(4)未经过高压安全培训的维修人员,不允许对高压部件进行维修等操作。

(5)车辆在充电过程中不允许对高压部件进行拆装、维修等工作。

(6)维修前必须进行高电压禁用操作。

(7)在维修完毕上电前,确认车辆无人操作。

(8)更换高压部件后,测量搭铁是否良好。

(9)电缆接口必须按照标准力矩拧紧。

(10)在车辆维护与维修期间,当发生触电事故时,监护人应立即采取有效措施执行急救。专业的急救流程如图6-2所示。

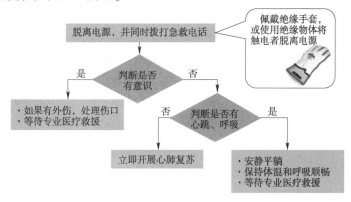

图6-2 专业急救流程

4.高压作业的资质要求。

监护人及维修人员必须具备国家认可的《特种作业操作证(电工)》与《初级(含)以上电工证》(职业资格证书),严禁无证进行维修操作。

5.高压作业的专业工具。

在进行动力蓄电池拆卸、电机拆卸等高压作业时,由于动力蓄电池和电机重量过大,必须采用专业平台升降机,如图6-3所示。如果无专业拆卸工具,不允许进行动力蓄电池的拆卸作业,防止动力蓄电池意外跌落、损坏等事故发生。

图6-3 平台升降机

二、动力蓄电池运输、储存中的要求及注意事项

1.运输

(1)动力蓄电池报废后,要根据其种类,用符合国家标准的专门容器进行分类收集和运输。

(2)对储存、装运动力蓄电池的容器应根据动力蓄电池的特性而设计,使其不易破损、变形,其所用材料应能有效地防止渗漏、扩散。

(3)装有废旧动力蓄电池的容器必须贴有国家标准所要求的分类标识。

(4)在废旧动力蓄电池的包装运输前和运输过程中应保证其结构完整,不得将废旧动力蓄电池破碎、粉碎,以防止电池中有害成分的泄漏污染。

2.储存

(1)禁止将废旧动力蓄电池堆放在露天场地,避免废旧电池遭受雨淋水浸。

(2)批量废弃锂离子电池储存所使用的容器应确保满足其储存要求,保证废弃锂离子电池的外壳完整,排除对环境造成不利影响,建立安全管理和出现危险时的应急机制。

(3)储存于通风良好的干净环境。

(4)不可放置于阳光直晒区域。

(5)必须远离可使电池系统外部升温60℃的热源。

(6)必须平放于包装箱内。

(7)勿摔落电池系统并避免表面撞击。

3.污染防治

(1)锂电池的收集、运输、拆解、再生冶炼等活动要严格遵守以上要求。

(2)锂电池应当进行回收利用,禁止用其他办法进行处置。

(3)锂电池应当按照危险废物进行管理。

(4)锂电池在收集、运输过程中应当保持外壳的完整,防止发生液体泄漏对环境的污染。

任务二 动力蓄电池检测常用工具使用方法与注意事项

  任务要求

通过本任务的学习,你应能:

(1)熟练使用手持式绝缘电阻仪测量高压部件绝缘电阻值;

(2)熟练使用万用表测量高压部件的电气参数;

(3)熟练使用字式钳形电流表测量动力蓄电池输出电流;

(4)熟练使用非接触式温度仪测量电池包温度;

(5)熟练使用数字式示波器测量波形。

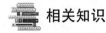 **相关知识**

一、高压部件的绝缘要求

新能源电动汽车采用电力驱动系统,内部有几百伏的高压电,有着极高的绝缘要求。而汽车是一个不断运动的部件,随着使用年限增加,系统振动、部件老化、温湿度变化等因素的影响,都有可能导致车辆整体绝缘性能下降。这样不仅会影响车辆安全运行,还会危及司乘人员的人身安全,因此,电动汽车高压电气系统绝缘性能是一个至关重要的技术指标。新能源汽车的高压电路应按 GB/T 18384.3—2015 中的规定提供直接接触防护,布置在乘客舱或行李舱外部的 B 级高压电路(60 ~ 1500V)的防护性能应满足 IP67 的要求。当各高压部件、接口的通断导致系统暴露产生潜在危险时,B 级电压系统应自动断电。

动力蓄电池正负极与汽车底盘之间仅相隔一个绝缘层,当整车绝缘下降时漏电电流就会增大,漏电电流达到一定值时,将危及乘客安全以及整车电气系统的正常运行。新能源汽车的绝缘电阻监测系统主要是通过在正极动力电缆与底盘,负极动力电缆与底盘之间分压的方式,来测量动力电缆相对于车辆底盘的绝缘程度。为了简化结构,通常将绝缘电阻监测模块设在动力蓄电池系统内,并把绝缘电阻监测功能集成到 BMS 上。高压部件的绝缘电阻要求见表 6-1。

高压部件绝缘电阻要求　　　　　　　　　　　　表 6-1

高压部件名称	测 试 端	正 常 阻 值
动力蓄电池直流母线	端子1(正极)与车身搭铁(负极)	≥20MΩ
	端子2(正极)与车身搭铁(负极)	≥20MΩ
PTC 加热器	端子1(正极)与车身搭铁(负极)	≥20MΩ
	端子2(正极)与车身搭铁(负极)	≥20MΩ
AC 空调压缩机	端子1(正极)与车身搭铁(负极)	≥10MΩ
	端子2(正极)与车身搭铁(负极)	≥10MΩ
OBC 慢充充电机	端子1(正极)与车身搭铁(负极)	≥10MΩ
	端子2(正极)与车身搭铁(负极)	≥10MΩ
电机三项线束	U 项	≥20MΩ
	V 项	≥20MΩ
	W 项	≥20MΩ
PTC 加热器高压线束	线束端子1(正极)与车身搭铁(负极)	≥2MΩ
AC 空调压缩机高压线束	线束端子1(正极)与车身搭铁(负极)	≥2MΩ
PEU 电机控制器高压线束(输入)	T + 、T - 线束	≥2MΩ

二、动力蓄电池检测常用工具的使用方法与注意事项

数字式万用表如图 6-4 所示,是动力蓄电池日常维护与检测中使用最广泛的工具,它可以测量直流电压、电流、交流电压、电流、电阻、电容以及二极管、三极管的导通性,它也是汽车电气工程师常备工具之一,掌握数字式万用表的正确使用方法是从事新能源汽车相关领域工作的必备技能。

(1)电阻测量。

将万用电表挡位开关旋至"Ω"挡,如图 6-5 所示,若无法确定被测元件电阻大小时,应从高挡位开始,将红表笔插入"V/Ω"插孔,黑表笔插入"COM"插孔,然后将表笔接至被测元件两端测量。如果显示屏幕显示"1"则表示超出量程,要换用更高量程。由于大多数的电动

汽车高压部件的绝缘电阻≥20MΩ,因此万用表的电阻挡无法满足高压部件的绝缘电阻的测量要求,目前广泛使用手持式摇表测量电动汽车高压部件的绝缘电阻值。

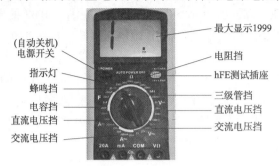

图 6-4　数字式万用表

(2)蜂鸣挡。

万用表的蜂鸣挡如图 6-6 所示,用于测量电路通断性,对判断电路是否存在线路连接故障起着非常重要作用。当电路接触良好、无任何线路故障时,隐藏在万用表内的蜂鸣器将发出蜂鸣声音,非常方便测量者辨识电路的导通性。将黑色表笔插入 COM 插孔,红色表笔插入 V/Ω/F 插孔。将功能开关置于所需的蜂鸣器/二极管量程位置。用此挡位检测二极管时,显示的数值就是二极管的正向压降值。

　　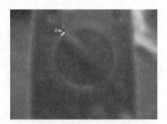

图 6-5　万用表 Ω 挡　　　　图 6-6　万用表蜂鸣挡

(3)交流电压和电流测量。

测量交流电压(图 6-7)时,将黑色表笔插入 COM 插孔,红色表笔插入 V/Ω/F 插孔。将功能开关置于所需的 V~ 或量程位置,并将测试笔连接到待测电源或负载上,从显示器上读取测量结果。在不清楚被测电压高低时同样从高挡位开始测试。

测量交流电流(图 6-8)时,测量电流最大值为 200mA 时,红表笔插入 mA 插孔,测量电流最大值为 20A 时,红表笔插入 20A 插孔,测试表笔串联接入到待测电路中。

　　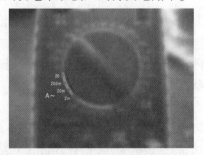

图 6-7　万用表交流电压挡　　　　图 6-8　万用表交流电流挡

(4)直流电压和电流测量。

测量直流电压(图6-9)时,将黑色表笔插入 COM 插孔,红色表笔插入 V/Ω/F 插孔。将功能开关置于合适的 V 量程位置,并将黑表笔连接到待测电源或负载的负极上,红色表笔接到待测电源或负载的正极上,电压值将显示在显示器上。在不清楚被测电压高低时同样从高挡位开始测试。

测量直流电流(图6-10)时,将黑表笔插入 COM 插孔,当测量电流最大值为 200mA 时,红表笔插入 mA 插孔,当测量电流最大值为 20A 时,红表笔插入 20A 插孔。随后将功能开关置于直流电流挡 A-量程,并将测试表笔串联接入到待测负载上,电流值显示的同时,将显示红表笔的极性。

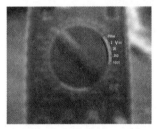 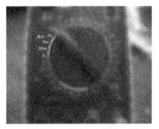

图6-9　万用表直流电压挡　　　　图6-10　万用表直流电流挡

(5)万用表使用注意事项。

①测量前,首先检查红、黑表笔连接插入的位置是否正确。红色表笔接到红色接线柱或标有"＋"号的插孔内,黑色表笔接到黑色接线柱或标有"COM"号的插孔内,一定不能反接,否则在测量直流电电量时会因正负极的反接损坏表头的部件。

②在表笔连接被测电路前,首先查看所选挡位的量程与测量对象是否相符,误用挡位和量程,不仅得不到测量结果,而且还会损伤万用表。如果不清楚待测对象的量程,则从最大量程选取,若不合适,依次降低量程选取范围。

③测量中若需转换量程,必须在表笔离开电路后才能进行。否则选择开关转动产生的电弧易烧坏选择开关的触点,造成接触不良。

④测量时,手指不要触及表笔的金属部分和被测元器件。

⑤测量完毕,功能开关应置于交流电压最大量程挡。

三、绝缘电阻测量工具及使用方法

1. 绝缘电阻测量方法

测量绝缘电阻时,必须确保高压电器处于断电状态,使用数字式万用表电阻挡、绝缘电阻仪、绝缘电阻摇表等仪器,对动力蓄电池主正对地的绝缘电阻值和动力蓄电池主负对地的绝缘电阻值进行测量,测量所得的绝缘电阻值应该大于 500Ω,否则说明绝缘电阻值过低,该动力蓄电池系统具有安全隐患。测量动力蓄电池绝缘电阻值是动力蓄电池日常维护的重要项目。

2. 手持式绝缘摇表

电动汽车的高压部件的绝缘电阻≥20MΩ,数字式万用表的电阻挡测量范围≤20MΩ,无法满足电动汽车高压部件绝缘电阻的测量要求。我们可以用手持式绝缘摇表(图6-11)进行绝缘电阻值的测量,手持式绝缘摇表又称兆欧表,其测量电压范围为 0~500V,绝缘电阻测量范围为 0~500MΩ,能够满足电动汽车高压部件的测量要求。手持式绝缘摇表在使用之前,需要对其进行开路测试和短路测试。

图 6-11　手持式绝缘摇表

（1）开路测试。

在摇表未接通被测电阻之前,摇动手柄使电机达到 120r/min 的额定转速,观察指针是否指在标度尺"∞"的位置。再把两连接线短接一下,观察指针是否指在零处。

（2）短路测试。

将搭铁端 L 和线路端 E 短接,缓慢摇动手柄,观察指针是否指在标度尺的"0"位置,如图 6-12 所示。

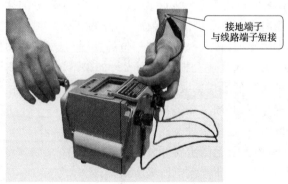

接地端子与线路端子短接

图 6-12　手持式绝缘摇表短路测试

（3）使用方法。

将被测设备与兆欧表正确接线。摇动手柄时应由慢渐快至额定转速 120r/min,如图 6-12 所示。正确读取被测绝缘电阻值。同时,还应记录测量时的温度、湿度、被测设备的状况等,以便于分析测量结果。

（4）注意事项。

①在被测设备和线路停电的状态下进行测量,并且兆欧表与被测设备间的连接导线不能用双股绝缘线或绞线,应用单股线分开单独连接。

②测量完毕一定要将被测设备充分放电（需 2~3min）,以保护设备及人身安全。

③摇表未停止转动之前,或被测设备未放电之前,严禁用手触碰,防止人身触电。

3. 数字式钳形电流表

数字式钳形电流表又称为钳表,如图 6-13 所示,它是测量电流的专用工具。测量电流时只需要将正在运行的待测导线夹入钳形电流表的钳形铁芯内,然后读取数显屏或指示盘上的读数即可。在使用数字式钳形电流表,需要注意以下事项。

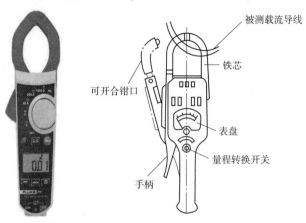

图 6-13 数字式钳形电流表

(1)在测量过程中,夹入钳形电流表的导线是单根导线,不能是多根或者双根导线。测量交流电时,特别是测量三相交流电机的工作电流时,应该是一相一相测量,切不可将二相电流线一起测量,在钳形口内放入二根导线测量所得电流值是无效的。

(2)选择合适的量程挡,根据电动机功率估计额定电流,以选择表的量程。不可以用小量程挡测量大电流,如果被测电流较小,可将载流导线多绕几个圈放入钳口进行测量,将读数除以绕线圈数后为实际的电流值。

(3)测量完毕后要将调解开关放在最大量程挡位置(或关闭位置),以便下次安全使用。不要在测量过程中切换量程挡。

(4)注意电路上的电压要低于钳形表额定值,不可用钳形电流表去测量高压电路的电流,否则,容易造成事故或引起触电危险。

(5)在测量前检查其外观绝缘是否良好、有无破损、指针是否摆动灵活、钳口有无锈蚀等。钳型表钳口在测量时闭合要紧密,闭合后如有杂音,可打开钳口重新闭合一次,若杂音仍不能消除时,应检查磁路上各接合面是否光洁,有尘污时要擦拭干净。

4. 非接触式数字温度检测仪

非接触式温度检测仪如图 6-14 所示,在动力蓄电池日常维护及维修检测项目中,需要经常对电池包内部的温度值进行检测,同时需要将从 CAN 卡读出的电池包内部温度值与实际检测出的温度值进行对比检测,从而判断电池包内部的温度传感器检测精度与准确度。在使用非接触式数字温度检测仪时,一定要将测量窗口中心与测量点对准,不要出现较大位移,同时在进行温度检测前,使用记号笔或者不干胶等,对测量点进行准确定位,测量次数一般 3 次以上,求平均值为最终测量结果。

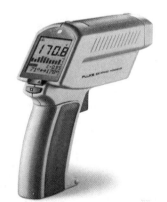

图 6-14 非接触式温度检测仪

5. 数字式示波器

BMS 与 VCU、组合仪表通信时采用 CAN 总线方式，BMS 内部装有 CAN 通信接口、控制器及终端电阻，外部通过 CAN-H 和 CAN-L 两根线与其他控制器相连，一旦 CAN 控制器或者 CAN-H 与 CAN-L 发生故障时，会影响动力蓄电池的充放电功能，甚至使电动汽车无法正常运行。

在对 CAN 总线故障诊断与维修处理时，需要使用数字式示波器，示波器可以准确地捕捉到 CAN 波形的变化，通过观察波形的显示，可以判断 CAN 通信是否正常工作。

以 DS2000A 系列数字示波器为例，详细介绍数字式示波器的使用方法，该类型数字示波器的功能丰富，测试波形的类型较多。

（1）面板功能介绍。

DS2000A 系列数字示波器操作面板的按钮布置如图 6-15 所示，其按钮的说明见表 6-2。

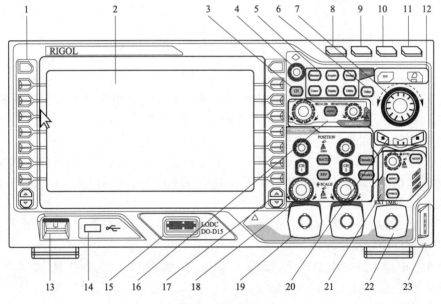

图 6-15　数字示波器

表 6-2　数字示波器按钮名称

编号	说　明	编号	说　明
1	测量菜单软键	9	波形自动显示
2	LCD	10	运行/停止控制键
3	逻辑分析仪控制键	11	单次触发控制键
4	多功能旋钮	12	内置帮助键和打印键
5	多功能按键	13	电源键
6	信号源	14	USB HOST 接口
7	导航旋钮	15	数字通道输入接口
8	全部清除键	16	水平控制区

续上表

编号	说　明	编号	说　明
17	功能菜单软键	21	触发控制区
18	垂直控制区	22	外部触发信号输入端
19	模拟通道输入区	23	探头补偿信号输出端和搭铁端
20	波形录制和回放控制键		

DS2000A系列数字示波器操作面板的按钮分为4个功能区域。

①垂直控制区域如图6-16所示，其中按键CH1、CH2表示模拟输入通道，2个通道分别用不同颜色标识，并且屏幕中的波形和通道输入连接器的颜色也与之对应，按下任一按键打开相应通道菜单，再次按下关闭通道。MATH键为打开数学运算菜单，可进行加、减、乘、除、FFT、数字滤波、逻辑运算和高级运算；POSITION键为修改当前通道波形的垂直位移，顺时针转动增大位移，逆时针转动减小位移，修改过程中波形会上下移动，同时屏幕左下角会弹出位移信息；SCALE键为修改当前通道的垂直挡位，顺时针转动减小挡位，逆时针转动增大挡位，修改过程中波形显示幅度会增大或减小，实际幅度保持不变，同时按下该旋钮可快速切换垂直挡位调节方式为"粗调"或"微调"。

②触发控制区域如图6-17所示。其中，MODE键是模式选择按钮，按下该键切换触发方式为Auto、Normal、或Single，当前触发方式对应的状态背灯会变亮；LEVEL键是修改触发电平，顺时针转动增大电平，逆时针转动减小电平，修改过程中，触发电平线上下移动，同时屏幕左下角的触发电平消息框中的值实时变化，按下该旋钮可快速将触发电平恢复至零点。

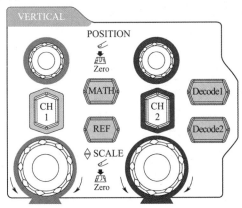
图6-16　垂直控制区

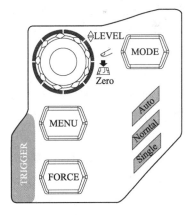
图6-17　触发控制区

③水平控制区域如图6-18所示。其中，打开水平控制菜单，可开关延迟扫描功能，切换不同的时基模式，切换水平挡位的微调或粗调，以及修改水平参考设置；SCALE键是水平时基按钮，按下修改水平时基，顺时针转动减小时基，逆时针转动增大时基，修改过程中，所有通道的波形被扩展或压缩显示，同时屏幕上方的时基信息实时变化，按下该旋钮可快速打开或关闭延迟扫描功能。Position键是修改水平位移，转动旋钮时触发点相对屏幕中心左右移动，修改过程中，所有通道的波形左右移动，同时屏幕右上角的触发位移信息实时变化，按下

该旋钮可快速复位触发位移(或延迟扫描位移)。

④功能按键区域如图 6-19 所示。按下 Measure 按钮进入测量设置菜单,可设置测量设置、全部测量、统计功能等;按下屏幕左侧的 MENU,可打开 29 种波形参数测量菜单,然后按下相应的菜单软键快速实现"一键"测量,测量结果将出现在屏幕底部;按下 Acquire 按钮进入采样设置菜单,可设置示波器的获取方式、存储深度和抗混叠功能;按下 Storage 按钮进入文件存储和调用界面,可存储的文件类型包括轨迹存储、波形存储、设置存储、图像存储和 CSV 存储,图像可存储为 bmp、png、jpeg、tiff 格式,同时支持内、外部存储和磁盘管理;按下 Cursor 按钮进入光标测量菜单,示波器提供手动、追踪、自动测量和 X-Y 四种光标模式,注意 X-Y 光标模式仅在水平时基为 X-Y 模式时可用;按下 Display 按钮进入显示设置菜单,设置波形显示类型、余辉时间、波形亮度、屏幕网格、网格亮度和菜单保持时间;按下 Utility 按钮进入系统辅助功能设置菜单,设置系统相关功能或参数,例如接口、声音、语言等,此外,还支持一些高级功能,例如通过/失败测试、波形录制和打印设置等。

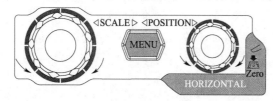
图 6-18　水平控制区

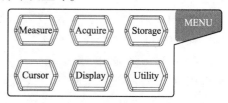
图 6-19　功能按键区

⑤除了上述功能区域的按钮,在面板最上方还存在一些常用的功能按钮。

CLEAR:按下该键清除屏幕上所有的波形。如果示波器处于"运行"状态,则继续显示新波形。

RUN/STOP:按下该键将示波器的运行状态设置为"运行"或"停止"。"运行"状态下,该键黄色背灯点亮。"停止"状态下,该键红色背灯点亮。

Auto:按下该键启用波形自动设置功能。示波器将根据输入信号自动调整垂直挡位、水平时基以及触发方式,使波形显示达到最佳状态。注意:使用波形自动设置功能时要求正弦波的频率不小于 25Hz。如果不满足此参数条件,则波形自动设置功能可能无效。

(2) 使用方法。

①功能检查。

在初次使用示波器前,首先要对示波器进行功能检查,具体有如下步骤。

a. 按 Storage 按钮,然后选择默认设置,将示波器恢复至出厂状态。

b. 将探头的搭铁鳄鱼夹连接至如下图所示的"搭铁端"。

c. 使用探头连接示波器的 CH1 输入端和"探头补偿信号输出端",如图 6-20 所示。

d. 探头衰减比设定为 10X,然后按 AUTO 键。

e. 观察示波器显示屏上的波形。如实际显示的波形与图 6-21 不相符,用非金属质地的螺丝刀调整探头上的低频补偿调节孔,调节过程中与图 6-22 所示的波形进行对比,直到补偿正确为止。

②启动输入通道。

MSO2000A/DS2000A 提供 2 个模拟输入通道 CH1 和 CH2,并且为每个通道提供独立的垂直控制系统。2个通道的垂直系统设置方法完全相同，本书以 CH1 为例介绍垂直系统的设置方法。将一个信号接入 CH1 的输入连接器后，按前面板垂直控制区(VERTICAL)中的 CH1 开启通道。此时，屏幕右侧显示通道设置菜单，同时屏幕下方的通道状态标签突出显示。通道状态标签中显示的信息与当前通道设置有关。

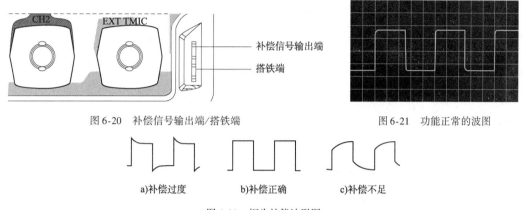

图 6-20　补偿信号输出端/搭铁端　　　　图 6-21　功能正常的波图

图 6-22　探头补偿波形图

打开通道后，根据输入信号调整通道的垂直挡位、水平时基以及触发方式等参数，使波形显示易于观察和测量。

③调整信号通道。信号调整主要包括垂直调整、水平调整及触发方式调整。

a. 垂直调整。当需要调整信号波形围绕中心点压缩或扩展时，使用上面介绍的垂直区域按钮进行观测，操作步骤如下：按下 CH1→耦合、CH1→带宽设置、CH1→输入阻抗完成参数设置，接着按下 CH1→幅度挡位，对垂直挡位进行设置，即显示屏垂直方向上每格所代表的电压值，通常表示为 V/div，垂直挡位的可调节范围为 500μV/div 至 10V/div，取 1V/div，或按下垂直 SCALE 快速切换调节方式，有粗调或细调两种方式，探头衰减比为 1X，输入阻抗为 1MΩ。

b. 水平调整。水平调整包含：延迟扫描、时基模式、水平挡位、水平参考四个部分，其中延迟扫描是用来水平放大一段波形，以便查看图像细节。按前面板水平控制区(HORIZON-TAL)中的 MENU 键后，按延迟扫描软键，可打开或关闭延迟扫描。延迟扫描模式下，屏幕被分成下图所示的两个显示区域。注意：要打开延迟扫描，当前的时基模式必须是"Y-T"，且"通过/失败测试"为关闭状态。

时基模式通常选用"Y-T"模式，也是默认模式，横轴表示时间，纵轴表示电压值。

水平挡位也称水平时基，水平挡位调整与垂直幅度挡位调整类似，即显示屏水平方向上每刻度所代表的时间值，通常表示为 s/div。与"垂直挡位"相似，水平挡位的调节方式有"粗调"和"微调"两种。按前面板水平控制区(HORIZONTAL)中的 MENU 挡位调节，选择所需的模式。

水平参考是指调节水平 SCALE 时，屏幕波形进行水平扩展或压缩所依据的基准位置。Y-T 模式下且延迟扫描关闭时，按前面板水平控制区(HORIZONTAL)中的 MENU 水平参考，选择所需的参考方式，默认为"屏幕中心"。

④触发方式。

触发方式包含 Auto(自动)、Normal(普通)、Single(单次)三种，一般选用 Auto(自动)。

触发类型选用脉宽触发,触发信源为CH1,触发电平为0.00V。

任务三　动力蓄电池的维护

任务要求

通过本任务的学习,你应能:
(1) 掌握动力蓄电池维护的内容;
(2) 正确描述动力蓄电池常见故障符号的含义;
(3) 正确使用工具完成动力蓄电池维修检测。

一、动力蓄电池维护

动力蓄电池维护分为日常维护、A级维护与B级维护,各级维护的内容及操作方法见表6-3~表6-5。

动力蓄电池日常维护　　　　　　　　　　　　　　　　　表6-3

序号	维护内容	操作方法	注意事项
1	对正、负极接线柱螺丝进行检查,确定是否有松动现象	戴上绝缘手套,手握动力线绝缘胶套轻轻摇动	检查电池正负极螺丝等高压部分时请先戴上绝缘手套,防止触电,同时不能用力太大
2	检查有无故障报警	查看车上显示屏故障代码	有故障代码及时处理,不能让车辆带病工作
3	检查总电压是否正常	总压不得高于126V,不得低于90V	有故障代码及时处理,不能让车辆带病工作
4	电池组信息排查	在车上显示屏进入电池管理界面查看电池电压、温度、电流、SOC信息是否正常并记录下来	发现有电压、温度、电流、SOC等电池故障时必须及时处理,不能让车辆带病工作

动力蓄电池A级维护　　　　　　　　　　　　　　　　　表6-4

序号	维护内容	操作方法	注意事项
1	电池箱体外观检查及修复	目测电池包是否完好,有无损坏或腐蚀;各紧固件螺栓、螺母是否松动	有损坏或者紧固件状态异常要及时处理
2	高压线检查	目测接插件是否完好,电池包之间连接线是否松动,高压线束有无损坏擦伤	发现线束损坏松动,及时更换维修

· 176 ·

续上表

序号	维护内容	操作方法	注意事项
3	电池箱体输入端绝缘性	总正端子对地,总负端子对地,绝缘内阻大于20MΩ	发现绝缘不良,防止触电,及时上报处理
4	电池组信息排查	断开高压开关检测,整包内阻大于20MΩ,压降<10mV	有故障代码及时处理,不能让车辆带病工作
5	电池管理系统检查	模块插件无松动,电池管理系统数据显示无异常	发现数据异常,及时找出正在原因

动力蓄电池 B 级维护　　　　表 6-5

序号	维护内容	操作方法	注意事项
1	检查电池包防护等级	检查是否无积水,无电解液	确保电池与底盘的绝缘
2	电池包内各层级绝缘层检查	用数字电压表测量各个电池包总正、总负端子对车身的电压是否小于10V	如果发现电压偏高,直接寻找漏电点,更换绝缘部件,消除安全隐患
3	检查电池 SOC、总电压级单体电压一致性	使用专用诊断仪及 CAN 卡,采集 SOC 值、温度值、单体电压值	发现有电压、温度、电流、SOC 过大过低的,应及时进行维修检测,不能让车辆带病工作
4	电池包内线束、插件检查	使用扭力扳手进行校正,要求无松动	注意身体不要和车身接触,以免触电
5	检查电池外观整洁程度	目视无腐蚀、氧化、生锈等现象	发现有腐蚀、氧化、生锈处,使用酒精清洁表面
6	检查电池外观	目测电池外观无破损、损坏、漏液、严重变形	发现有电池损坏,不得再继续使用

二、动力蓄电池维修检测目的、方法及使用工具

1. 绝缘检查(内部)

目的为防止电箱内部短路。方法为将电池包内部高压盒插头打开,用绝缘表测试总正、总负对地,阻值≥500Ω/V。工具为绝缘表,耐压 1000V。

2. 模组连接件检查

目的为防止螺丝松动,造成故障。

方法为用做好绝缘的扭力扳手紧固(扭力力矩为35N·m),检查完成后,做好极柱绝缘。工具为扭力扳手。

3. 电箱内部温度采集点检查

目的为确保测温点工作正常,采集点合理。方法为对比计算机监控温度与红外热像仪温度,检查温感精度。工具为计算机、CAN 卡、红外热像仪。

4. 电箱内部除尘

目的为防止内部粉尘较多,影响通信。方法为用压缩空气清理。工具为空压机。

5. 电压采集线检查

目的为防止电压采集线破损,导致测试数据不准。方法为目测。

6. 标识检查

目的为防止标识脱落。方法为目测。

7. 熔断器检查

目的为检查熔断器状态是否良好,是否正常工作。方法为用万用表二极管挡测量通断。工具为万用表。

8. 电箱密封检查

目的为保证电箱密封良好,防止水进入。方法为目测密封条或更换密封条。

9. 高低压接插件可靠性检查

目的为确保接插件正常使用。方法为检查接插件是否松动、破损、腐蚀、密封等情况,用万用表检查接插件两端电阻是否为 0Ω。工具为万用表。

10. 其他电箱内零部件检查。

目的为保证辅助性的部件正常使用。方法为检查是否存在松动、破损、脱落等情况。工具为螺丝刀、扭力扳手。

11. 电池包安装点检查

目的为防止电池包脱落。方法为目测检查每个安装点焊接处是否有裂纹。

12. 电池包外观检查

目的为确保电池包未受到外界因素影响。方法为目测检查电池包有无变形、裂痕、腐蚀、凹痕等问题。

13. 保温检查

目的为确保冬季电池包内部温度在规定范围。方法为目测检查电池包内部边缘保温棉是否脱落、损坏;用红外测温仪测试电池包内部温度是否处于正常温度范围。工具为红外测温仪。

14. 电池包高低压线缆安全检查

目的为确保电池包内部线缆无破损、漏电等现象。方法为目测检查电池包内部线缆是否破损、挤压。

15. 电芯防爆膜、外观检查

目的为防止电芯损坏、漏电。方法为目测检查电芯防爆膜、电芯外观绝缘是否破损。

16. 电池包内部干燥性检查

目的为确保电池箱内部无水渍。方法为打开电池包,目测观察电池箱内部是否有积水,测量电池包绝缘程度。工具为绝缘表。

17. 充电测试

目的为检测动力蓄电池的充电是否满足企业标准或者 GB 31486—2015。方法为连接充电机,按照 GB 31486—2015 中 6.3.4 的要求对动力蓄电池进行充电测试,使用计算机、CAN 卡表观察、测量充电电流。工具为计算机、CAN 卡、充电机。

18. 温度监控

目的为检测动力蓄电池内的温度分布情况,检验是否存在局部温度过高的现象。方法为使用计算机、CAN 卡、温度检验仪。工具为 CAN 卡、温度计。

19. 压差监控

目的为监控动力蓄电池充放电末端,单体电池的电压差,观察电压差是否小于设定的目标值。工具为计算机、CAN 卡。

20. 放电测试

目的为按照 GB/T 31484—2015 要求,进行工况循环试验,监控动力蓄电池放电容量和

5s 放电功率，观察是否达到要求。工具为计算机、CAN 卡。

三、动力蓄电池故障指示灯及含义

1. 动力蓄电池故障指示灯含义

发生动力蓄电池故障时，可通过常见故障警告灯来初步分析判断故障点，见表 6-6。

动力蓄电池指示符号含义　　　　　　　　　　表 6-6

故障灯图形	含　义
	车辆动力系统故障
	动力蓄电池电量不足（需要及时充电，不代表有故障）
	高压断开故障
	动力蓄电池内部故障
	动力蓄电池绝缘电阻低（电池包漏电）
	动力蓄电池过热

2. 动力蓄电池故障分类

动力蓄电池系统故障按照故障发生的部位可以分为三类，即单体电池故障、电池管理系统故障、线路或连接件故障。

(1) 单体电池故障。

①单体电池 SOC 偏低和单体电池 SOC 偏高。如果单体电池 SOC 偏低，则该电池在汽车行驶过程中，电压最先达到放电截止电压，使得电池组实际容量降低，应对该单体电池进行补充充电。如果单体电池 SOC 偏高，则该电池在充电末期最先达到充电截止电压，影响充电容量，需对该单体电池进行单独补充放电。

②单体电池容量不足和单体电池内阻偏大。在电池组中，最小的单体电池容量限制了整个电池组的容量，因此发生单体电池容量不足故障会影响车辆续驶里程。锂离子电池内阻如果过大，会严重影响电池的电化学性能，如充放电过程中的极化严重、活性物质利用率

低、循环性能差等。

③单体电池内部短路、单体电池外部短路。如果单体电池极性装反,在强振动下锂离子电池的极耳、极片上的活性物质、接线柱、外部连线和焊点可能会折断或脱落,造成单体电池内部短路或者外部短路故障。

(2)电池管理系统故障。

电池管理系统通常对单体电压、总电压、总电流和温度等进行实时监控采样,并将实时参数反馈给整车控制器。电池管理系统除了对电池性能参数进行监控、实施电性能管理以外,还具有热管理为主的应用环境管理,实施对电池的加热和冷却,确保电池处于良好应用环境温度以及温度场的一致性。

若电池管理系统发生故障,就失去了对电池的监控作用,不能正确估计电池的 SOC,同时影响动力蓄电池高压上电、高压互锁、充电及热管理众多功能。

(3)线路或连接件故障。

线路或连接件故障的诊断对于确保行车安全和整车的可靠性同样重要。例如,因为车辆的振动,电池间的连接螺栓可能会出现松动,电池间接触电阻增大,发生电池间虚接故障,以致电池组内部能量损耗增加,造成车辆动力不足和续驶里程短,在极端情况下还能引起高温、产生电弧,熔化电池电极和连接片,甚至造成电池着火等极端电池安全事故。

在电动汽车运行过程中,单体电池之间可能发生相对跳动,造成两电池间的连接片折断。电池箱和电动汽车的电气连接也是故障的高发点,电插接器在经历长时间振动后容易产生虚接,出现易烧蚀、接触不良等故障。

任务四　动力蓄电池常见故障检测方法

任务要求

通过本任务的学习,你应能:
(1)了解动力蓄电池高压上电技术、高压互锁技术的概念;
(2)熟悉动力蓄电池高压上电的电气原理;
(3)熟悉高压互锁的作用及工作原理;
(4)熟悉高压电路状态监测方法;
(5)了解动力蓄电池高压上电和高压互锁的故障现象,熟悉相关电路检测方法;
(6)掌握动力蓄电池管理系统的 CAN 通信故障分析与诊断方法,并熟练使用示波器检测 CAN 波形;
(7)观察故障现象,据此确定能够判断故障原因的动力蓄电池系统参数;
(8)熟练使用合适的测量仪器检测与故障相关的电路参数值。

相关知识

一、动力蓄电池的高压上电、高压互锁故障检测方法

1. 动力蓄电池的高压上电及互锁技术

（1）动力蓄电池的高压上电控制技术。

把动力蓄电池的高压接入电动汽车的驱动电机控制回路的过程称为"高压上电"。驱动电机和空调压缩机电动机的驱动控制回路中一般都有电容，如果高压上电时，电容器内没有预先存储一定的电荷量，则高压电路中电容器的充电电流会非常大，从而容易损坏电机控制器电路中的电子元器件。为了防止这种故障发生，通常采用一种高压上电控制技术。具体讲，就是电池管理系统（BMS）按特定顺序来控制继电器的通断，达到低电压、小电流对控制回路电容器"柔和"充电，也可以采用预充电继电器和预充电电阻来给电容器预充电，以此保护驱动电机电路。

（2）高压互锁技术。

高压互锁（High Voltage Inter-lock，HVIL）是用低压信号监视高压回路完整性的一种安全技术，其要求低压监测回路比高压先接通，后断开，中间保持大约150ms的提前时间。

采高压互锁技术的原因与场景有如下方面。

①如果因某种故障（如高压回路自动松脱），导致电动汽车高压突然断电，汽车失去动力，则需要整车控制器提前预知这种情况将会发生。采用高压互锁技术可以监测到这种迹象，并在高压断电之前给整车控制器提供报警信息，预留整车系统采取应对措施的时间。

②若因人为误操作而不小心手动断开高压连接器，在断开的瞬间，整个回路电压加在高压连接器断点两端，高电压击穿连接器断点间空气隙形成电弧，该电弧持续的时间虽短，但能量很高，可能使高压连接器断点触头烧蚀，并可能对断点周围的设备造成损害。高压互锁技术可以防止拉弧形成。

③如果电路出现虚接等问题时，系统高压就不能上电，以免造成事故。高压互锁电路一旦检测到电路出现问题，会立即使高压电路无法接通。

④在汽车发生碰撞时，必须自动切断高压电路。碰撞信号通过触发高压互锁信号，执行系统高压下电。

2. 动力蓄电池高压上电原理

新能源汽车电池系统的电气原理图如图6-23所示。

当新能源汽车起动开关处于通电状态时，BMS会给预充继电器发出信号，预充继电器吸合，电池系统进入预充电过程。完成预充电过程后，放电继电器吸合，此时，整车高压放电回路处于通路状态，电池系统对车辆提供动力源，即完成高压上电。

3. 高压互锁的作用及工作原理

（1）高压互锁的作用。

一是使低压系统能够全面检测到整个高压系统每个连接位置的连接状态；二是能实现低压检测回路的信息传递动作领先于高压回路断开的动作。

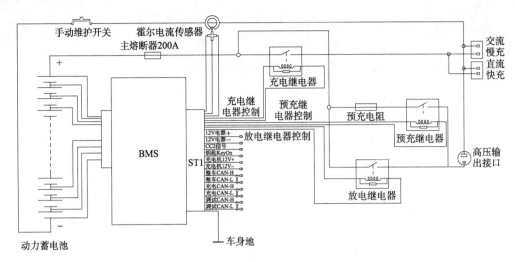

图 6-23 电池系统的电气原理图

(2)高压互锁原理。

高压回路互锁功能是针对高压电路连接的可靠程度提出的。高压闭锁回路也称为高压互锁回路(HVIL),是一个典型的互锁系统,通过使用电气的信号,来检查整个模块、导线及连接器的电气完整性。当高压安全管理系统检测到某处连接断开或某处连接没有达到预期的可靠性时,安全管理系统将直接或通过整车控制器切断相关动力电源的输出并发出声光报警,直到该故障完全排除。如图 6-24 所示为高压互锁回路检测原理图。

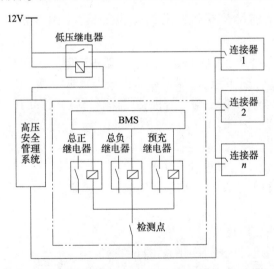

图 6-24 高压互锁电路检测原理图

高压互锁技术的实现,需要高压互锁连接器及高低压导线、闭合的低压电源信号周转回路、高压互锁监测回路及监测器(监测模块可以在电池管理系统 BMS 上,也可以在整车控制器 VCU 上,或者两者分别具备监测功能)、直接受高压互锁监测信号控制的高压继电器、VCU 根据高压互锁监测结果控制的高压继电器等设备共同完成。

高压互锁监测器分为两种,一种是监测高压回路是否完整连接(图 6-25),另一种是监测高压连接器的电气接插件是否就位(图 6-26)。两种监测器分别用在不同的高压互锁系统中,不能混用。

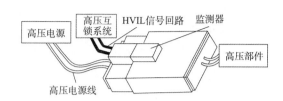

图 6-25　高压互锁连接器

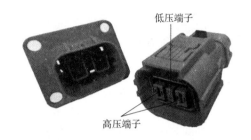

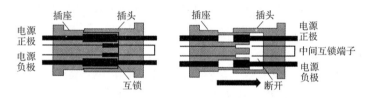

图 6-26　高压互锁连接器

如图 6-27 所示为纯电动汽车高压互锁技术原理图。图 6-27 中,粗实线表示 12V 电源的高压互锁信号回路,虚线是高压互锁监测回路,HVIL 监控回路向整车控制器 VCU 汇报信息,由整车控制器 VCU 确定是否接通或断开高压继电器,并通过 BMS 执行动作。

从图 6-27 中可以看到,电动机和电动机控制器串联在一个高压互锁检测回路中,由一个检测点 2 监测状态,其余 3 个用电器,每个单独处于一个高压互锁信号回路,具备 1 个检测点。

检测点 1 的工作与高压互锁无关,是为了应对电路出现异常情形。检测点 1 将异常情形传递至整车控制器 VCU,VCU 要求 BMS 断开电池包内的主回路继电器。

检测点 2 既是电动机和电动机控制器高压互锁的监测点,也连接着低压继电器 2 的线圈一端。当电动机和电动机控制器的 HVIL 连接正常时,检测点 2 的电压是 12V,VCU 指令继电器 2 吸合,通过继电器 2 给 BMS 供给 12V 电源;当连接器没有完好连接,VCU 要求继电器 2 断开,则检测点 2 电压为 0V,BMS 电源为 0V,不能工作;这个回路的总体设计是由电动机的连接状态去控制 BMS 工作。

检测点 3、4、5 分别体现 DC/DC、压缩机和 PTC 加热器三个装置的高压连接器状态,检测电压为 12V 说明连接良好,检测电压为 0V 说明高压连接器处于断开状态,VCU 根据检测结果执行相应的控制策略。

由于继电器 2 的工作方式,使得 BMS 的工作状态与电机和电机控制器产生了联动。但 VCU 始终需要通过 BMS 合分主回路继电器。

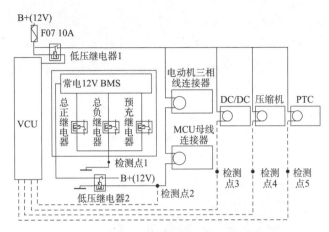

图 6-27 纯电动汽车高压互锁技术方案

4. 高压电路状态监测方法

汽车动力蓄电池高压与用电设备高压回路之间良好的接触是高压上电的前提条件,尤其必须保证高压回路的接插件上的可靠连接。一般采用一个低电压的状态监测电路来对高压电路的连接状态实时监测,这就是高压电路的状态监测技术。由于实际应用中采用的电路形式多种多样,产生了不同的监测方法。以下对几种典型的方法予以介绍。

(1) 并联多测点直流电压型状态监测方法。

如图 6-27 所示的纯电动汽车高压互锁技术方案中,高压用电设备有三相交流电机、高压直流变换器 DC/DC、电动空调压缩机、PTC 加热器,以上都是动力蓄电池供电对象(高压供电回路图中未绘出),即每一个对象都是高压用电子设备。

然而,从图 6-27 可见,该状态监测方法有三个特点:一是每一个子设备都有一个状态监测点,由整车控制器 VCU 直接采集高压电路连接的状态信息,且各自独立;二是状态信息由直流电的有无代表高压回路连接的好坏;三是状态监测方式是多点的、并联关系。

并联多测点式状态监测方法的优点是电路结构简单、故障点检测直接;缺点是当低压线束回路故障时,会出现高压暴露而不能被识别的情形。

(2) 串联单测点 PWM 型状态监测方法。

监测原理如图 6-28 所示。

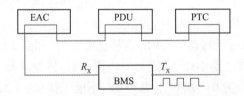

图 6-28 串联 PWM 信号波高压互锁回路监测原理

借助 BMS 和低压线束,把电动空调压缩机 EAC、高压配电盒 PDU、电池 PTC 加热器三个高压用电设备(注:图中未画出高压电回路)组成一个闭合的回路。由 BMS 监测这三个高压用电设备组成回路的完整性。如果该回路出现短路、开路的情况,则认为存在潜在的危险,禁止电池对其中任何一个用电设备输出高压电。

BMS 负责发送和接收 PWM 波形。在正常情况下,该波形经过电池 PTC 加热器、高压配电盒 PDU 和电动空调压缩机 EAC 等模块,最后到达 BMS。BMS 检查接收到的信号参数(如占空比)来判断回路的完整性,间接反映高低压线束连接状况和模块工作状态。如果 BMS 接收不到发出的检查波形,则可能出现高压电缆未安装或高压电缆裸露、高压部件损坏、防护结构失效等直接和潜在危险。由于此状态监测方法采用了 PWM 波形,即使互锁回路破损导致对电源或者对地短路、开路,也能检测出故障。这就避免了因为低压线束回路故障导致的高压电暴露不能识别的情况,安全性较高。图 6-29 所示为这种动力蓄电池高压互锁监测技术的实际应用电路。图中的粗实线表示动力蓄电池的直流高压,细实线为采用 PWM 信号波形的动力蓄电池高压互锁串联监测电路。

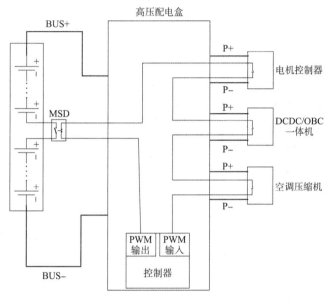

图 6-29　串联 PWM 信号波高压互锁回路实际监测电路

(3)抗电磁干扰的 PWM 波串联型高压互锁状态监测方法。

一般的串联 PWM 信号波高压互锁状态监测方法是通过单路脉冲信号进行高压互锁开关的状态判断,容易受整车环境的干扰。因为,整车环境存在噪声大、共模干扰信号强的特点,单路脉冲信号在经过较长的传输线路和多个高压连接器后,容易受外部信号的干扰,导致信号失真。这样的反馈信号传导回控制器后,容易形成控制器的误判断,从而导致动力蓄电池高压输出的异常切断,造成行车过程中突然失去动力,发生安全事故。

如图 6-30 所示为一种抗电磁干扰 PWM 波串联型动力蓄电池高压互锁监测方法的原理图,电路主要由控制器单元和高压互锁监测电路两部分构成。高压互锁监测电路包括第一信号转换模块、第二信号转换模块和差分比较模块。控制器单元的第一输出端口连接第一信号转换模块的输入端,输出第一 PWM 信号至第一信号转换模块,第一信号转换模块的输出端接入高压回路的输入端。控制器单元的第二输出端口连接第二信号转换模块的输入端,输出第二 PWM 信号至第二信号转换模块,第二信号转换模块的输出端接入高压回路的输出端。第一信号转换模块的输出端同时接入差分比较模块的一个输入端,第二信号转换模块的输出端同时接入差分比较模块的另一个输入端。差分比较模块的输出端接入控制器单元的第一输入端口。

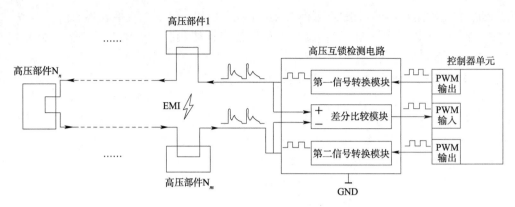

图 6-30 抗电磁干扰的串联 PWM 波高压互锁监测电路原理

若 PWM 信号在串联回路里传递过程中受到电磁干扰作用,同一干扰信号通过差分比较器的正负输入端同时进入,将会在差分比较模块中抵消掉,从而去除干扰影响。

5. 高压上电及互锁故障的现象及检测方法

动力蓄电池高压上电和高压互锁的故障时有发生。例如电动汽车电池高压无法上电时,故障现象是打开启动开关,ready 灯无法点亮,车辆无法起动,其原因主要有四种情况:低压辅助电源没有对整车供电、动力蓄电池 BMS 自检没有满足上电要求、高压互锁故障、预充电路故障。这类故障可能由以下任一种原因造成,需要依次排查与分析。

(1)低压辅助电源没有对整车供电。

低压辅助电源向动力蓄电池高压电控制电路提供低压电能的情况如图 6-31 所示,低压辅助电源发生故障会导致低压控制器瘫痪而无法正常工作,从而使动力蓄电池无法输出直流高压。这种情况,只需要使用普通数字万用表或指针式模拟万用表测量各控制模块的低压电源输入端电压是否正常即可发现问题所在。

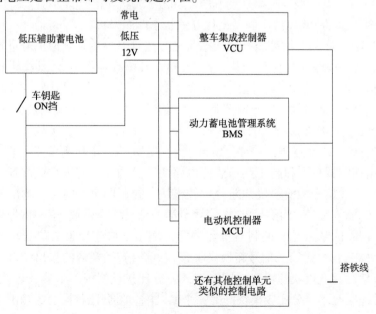

图 6-31 低压电源供给高压部件电能情况

(2) 动力蓄电池 BMS 自检没有满足上电要求。

动力蓄电池是电动汽车的核心部件,内部装有管理系统 BMS,BMS 可监控高压回路绝缘性能,对各个电芯电压、最高电压、最低电压、温度进行监测并计算,对动力蓄电池 SOC 值进行计算,在上电时对总正接触器和总负接触器进行触点黏连检测。

①故障现象。当 BMS 上电后,对动力蓄电池进行自检,发现电池温度过高、单体电芯的电压过高或者过低,或者动力蓄电池原有故障没有排除,则动力蓄电池自检不通过,动力蓄电池故障灯点亮。此时整车无法正常上电,ready 灯无法点亮。

②故障诊断检测方法。BMS 自检流程如图 6-32 所示,在 BMS 自检过程中,如果出现动力蓄电池原有故障未排除,绝缘电阻值过低,单体电压值异常等情况,都会影响整车正常上电。

点亮组合仪表观察动力蓄电池绝缘电阻低指示灯是否点亮,如果动力蓄电池有绝缘电阻值低故障,使用绝缘电阻仪测量动力蓄电池绝缘电阻值,判断动力蓄电池正负极绝缘电阻值是否小于 20MΩ,如果小于 20MΩ,则检查动力蓄电池绝缘包装是否受损。

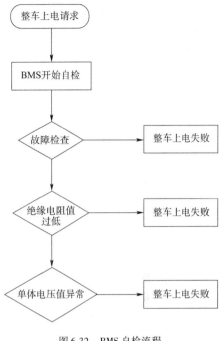

图 6-32 BMS 自检流程

使用动力蓄电池专用软件读取动力蓄电池单体电压,若发现有个别单体电池的电压值超过最低或最高限定,则及时更换电压异常的单体电池。

(3) 高压互锁回路故障。

①高压互锁故障现象。高压互锁回路一旦出现断路,VCU 立马发报文给 BMS,切断高压供电回路,组合仪表 ready 灯无法正常点亮。

②高压互锁故障原因分析。当高压互锁回路中接插件端子发生退针、变形、损坏,或者是接插力矩不够大的情况,接插件接触不良,导致高压互锁回路断路,整车也无法正常上高压电。

③故障检测方法。高压互锁故障的排除流程如图 6-33 所示。

(4) 预充电路故障。

①故障现象。当预充电路发生故障时,无法听到继电器吸合或断开的声音,同时观察到组合仪表 ready 灯无法点亮。

②故障原因。继电器触电烧蚀;BMS 功能不正常;线路不正常。

③检测方法。打开动力蓄电池箱盖,旋转点火钥匙,观察主负、主正、预充继电器是否正常工作,取下不能正常工作的继电器进行检测,如果控制端引脚通 12V 电后,能够清晰听到继电器吸合的声音,则认为继电器工作正常,若没有听到继电器吸合的声音,则认为继电器工作不正常。

更换 BMS 后,旋转点火钥匙,观察组合仪表 ready 灯是否能够正

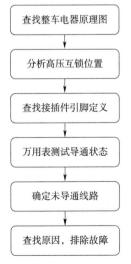

图 6-33 高压互锁故障排除流程

常点亮,如果可以,则说明 BMS 功能不正常。

打开动力蓄电池箱盖,观察接插件连接是否有松动、脱落的现象,同时使用万用表的蜂鸣挡检测线束中回路是否连接正常,若发现有不正常的,则说明高压上电的电路中存在断路的现象。

二、动力蓄电池 CAN 通信故障与检测

1. CAN 线概念

动力蓄电池管理系统与电动汽车其他控制器进行信息交换,采用的是 CAN 总线通信方式,CAN 数据传输线是双向串行总线,大都采用具有较强抗干扰能力的双绞线,分为 CAN-H 线和 CAN-L 线,两线缠绕绞合在一起,其绞距为 20mm,横截面积为 $0.35mm^2$ 或 $0.5mm^2$。

CAN-H 的电压范围为 2.5~3.5V,CAN-L 的电压范围为 1.5~2.5V。总线电压是 CAN-H 与 CAN-L 电压差值,当总线电压为显性时,CAN-H 的电压值为 1.5V,CAN-L 电压值为 1.5V,电压差值为 0V;当总线电压为隐性时,CAN-H 的电压值为 3.5V,CAN-L 电压值是 1.5V,电压差值为 2V,如图 6-34 所示。

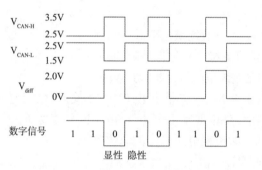

图 6-34 CAN-H 和 CAN-L 总线的电压

为了防止信号在总线终端产生反射波,使数据传输受到干扰,在总线两端配置了终端电阻,终端电阻阻值为 120Ω,如图 6-35 所示。

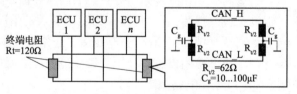

图 6-35 CAN 总线的电阻

2. CAN 通信故障现象与排除方法

(1)故障现象。

动力蓄电池管理器发生 CAN 通信故障时,将无法与 VCU、MCU 等控制器进行信息交换,VCU 无法实时获取动力蓄电池实时状态及参数,导致高压上电失败、充电故障,影响车辆正常行驶,同时组合仪表无法及时得到动力蓄电池相关信息与参数,无法显示 SOC 值、续航里程等重要信息。

(2)故障检测方法。

①电压检测法。使用万用表的电压挡(直流,量程为 20V),分别测量电池包 CAN-H 和

CAN-L 引脚的电压,若 CAN-H 引脚电压在 1.5~3.5V 范围内变化,则说明 CAN-H 工作正常,若 CAN-L 引脚的电压在 1.5~2.5V 范围内变化,则说明 CAN-L 工作正常。若测得的电压不在此范围,则说明 CAN-H 或者 CAN-L 有故障,此时需要更换动力蓄电池管理系统的 CAN 通信模块。

②电阻检测法。使用万用表欧姆挡测量 CAN-H 和 CAN-L 引脚之间的电阻值,若此时电阻值为零或者电阻值为无穷大,则说明在 CAN-H 或者 CAN-L 上有短路或者断路,需要检查线路故障。若无故障此时电阻值应显示为 120Ω。

③波形检测法。将数字示波器探头接入车辆,诊断 CAN-H 与 CAN-L 引脚,设置触发类型为脉宽触发,触发信源为 CH1,触发电平为 0V,并配置好示波器的其他相关参数,观察 CAN-H 与 CAN-L 输出的波形。CAN 总线的双绞线之间的故障形式有 CAN-H 或 CAN-L 断路、CAN-H 或 CAN-L 对电源短路、CAN-H 或 CAN-L 对搭铁短路、CAN-H 和 CAN-L 相互短路。正常情况和故障情况下的波形如图 6-36 所示。

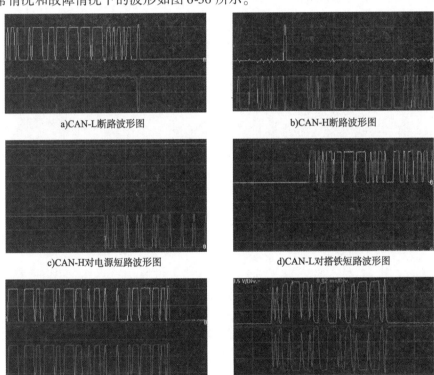

图 6-36 CAN 线在不同情况下的波形图

通过 CAN 总线电压的检测,终端电阻的检测,波形的检测,最后找到故障点就很容易了。

思考与练习

1. 简述 CAN 通信故障现象。

2. 简述 CAN 通信故障的三种检测方法。

3. 简述整车无法上电的故障原因。

4. 简述 DC/DC 的故障现象及检测方法。

5. 简述高压互锁的定义及作用。

6. 简述高压互锁、预充电路故障现象及检测方法。

7. 高压作业的操作要求是什么？

8. 高压作业安全防护装备有哪些？

9. 动力蓄电池拆卸、运输及保存的注意事项有哪些？

10. 动力蓄电池维护分类是哪些？简述日常维护、A 级维护和 B 级维护的内容及操作方法。

11. 简述动力蓄电池绝缘电阻值测量方法。

12. 简述钳形电流表测量电流的方法及注意事项。

13. 简述数字示波器测量 CAN 总线波形的方法及注意事项。

参 考 文 献

[1] 李响,李柏姝.电动汽车锂电池生命周期环境效益评价[J].沈阳理工大学学报,2021,40(5):5.

[2] 殷志刚,王静,曹敏花.镍钴锰三元电池与磷酸铁锂电池性能对比[J].电池工业,2021(3):7.

[3] 张彬,张萍,向晓刚,等.不同钴含量对三元正极材料性能的影响研究[J].无机盐工业,2021,53(11):4.

[4] 孙雨,张桂芳.锂离子电池高镍三元材料的研究进展[J].山东化工,2021,50(19):3.

[5] 李玉茂.纯电动汽车学习入门(三)——动力蓄电池系统(上)[J].汽车维修与保养,2021(10):5.

[6] 谢乐琼,何向明.现有电动汽车用动力蓄电池国家标准解读[J].新材料产业,2018(1):8.

[7] 陈清泉,孙逢春,祝嘉光.现代电动汽车技术[M].北京:北京理工大学出版社,2002.

[8] 王博.电动汽车动力蓄电池管理系统(BMS)设计[D].吉林:吉林大学,2016.

[9] 陈立文.电动汽车锂离子电池管理系统研究与设计[D].成都:电子科技大学,2013.

[10] 符晓玲,商云龙,崔纳新.电动汽车电池管理系统研究现状及发展趋势[J].电力电子技术,2011,45(12):5.

[11] 赵卫兵.电动车锂电池热管理系统研究[D].吉林:吉林大学,2014.

[12] 南金瑞,孙逢春,王建群.纯电动汽车电池管理系统的设计及应用[J]清华大学学报:自然科学版,2007(22):4.

[13] 邵玉龙.电动汽车BMS关键技术研究及硬件在环测试系统构建[D].吉林:吉林大学,2018.